思想政治教育学原理与方法

关志界　田竹　张金岩　主编

中国纺织出版社有限公司

内 容 提 要

思想政治教育学原理作为一个思想理论体系，必然在坚持马克思主义基本原理的基础上，在社会主义发展的新时期，获得新的推进。本书沿着思想政治教育学原理不断发展和完善的主线，对这个体系之中的主要问题进行了系统的分析论证，具体阐述内容分别包括思想政治教育学的基本理论，思想政治教育学的学科理论，思想政治教育的本质和功能，思想政治教育的目的和任务，思想政治教育的过程及其规律，思想政治教育的内容和原则，思想政治教育的主客体和载体。

图书在版编目（CIP）数据

思想政治教育学原理与方法/关志界，田竹，张金岩主编. --北京：中国纺织出版社有限公司，2022.7
ISBN 978-7-5180-9645-9

Ⅰ.①思… Ⅱ.①关… ②田… ③张… Ⅲ.①思想政治教育—教育学—研究—中国 Ⅳ.① D64

中国版本图书馆CIP数据核字（2022）第111716号

责任编辑：张 宏　责任校对：高 涵　责任印制：储志伟

中国纺织出版社有限公司出版发行
地址：北京市朝阳区百子湾东里A407号楼　邮政编码：100124
销售电话：010—67004422　传真：010—87155801
http://www.c-textilep. com
中国纺织出版社天猫旗舰店
官方微博 http://weibo.com/2119887771
北京虎彩文化传播有限公司印刷　各地新华书店经销
2022年7月第1版第1次印刷
开本：787×1092　1/16　印张：7.75
字数：145 千字　定价：88.00元

前　言

思想政治教育学和思想政治教育既有联系又有区别。其联系表现在：思想政治教育是思想政治教育学产生的前提条件、基础和源泉，而思想政治教育学是关于思想政治教育丰富的实践经验的理论概括，是思想政治教育的知识体系。离开了思想政治教育实践，思想政治教育学就会成为无源之水、无本之木，不能成为真正的科学，也失去了这门科学的意义；离开了思想政治教育学的理论指导，思想政治教育实践便会带有很大的盲目性，不能取得理想的效果。其区别表现在：思想政治教育是一项实践活动，它以人为对象，目的是帮助人们形成符合社会要求的思想品德，这项活动由来已久；而思想政治教育学则是一门学科，它以思想政治教育这项实践活动为研究客体，其目的是科学地认识和分析思想政治教育领域的各种现象，揭示思想政治教育的规律，它是直到20世纪80年代才产生的学科体系。二者是一种近乎“知”与“行”的关系。

任何一门学科都是由自身专有的概念、范畴、框架、术语以及研究对象等组织起来的专门知识体系。思想政治教育学也是如此。这门学科的根本目的是教育人和培养人，提高人们的思想道德文化水平，为一定的国家、阶级、社会和政党服务，这就决定了它自身的学科特点。随着全国高校思想政治工作会议的召开，各高校也将思想政治教育学放在了重要的位置。“要坚持不懈培养和弘扬社会主义核心价值观，引导广大师生做社会主义核心价值观的坚定信仰者、积极传播者、模范践行者。”

本书主要探讨思想政治教育学的原理与方法，具体内容包括：思想政治教育学的基本理论与学科理论；思想政治教育的本质和功能；思想政治教育的目的和任务；思想政治教育的过程及其规律；思想政治教育的内容和原则；思想政治教育的主客体和载体。

我们在本书编写过程中，参考了大量相关的资料和文献，获益匪浅，在此向有关作者表示由衷的感谢。由于时间仓促及编者水平有限，书中纰漏或不妥之处在所难免，恳请广大读者批评指正，我们将不胜感激。

编者

2021年12月

目　录

第一章　思想政治教育学的基本理论

第一节　思想政治教育学的概念与特点

一、思想政治教育学的概念

（一）思想政治教育

什么是思想政治教育和思想政治教育学呢？要说明什么是思想政治教育学，首先必须说明什么是思想政治教育。对思想政治教育，人们的理解不尽相同，大致有以下四种。

第一种认为所谓思想政治教育就是政治思想教育，是为实现人的政治社会化而进行的教育。他们往往把着眼点完全放在政治思想、观念和行为的培养教育上。

第二种认为所谓思想政治教育就是思想教育，它包括政治思想、哲学思想（世界观）、道德思想、法制思想、审美思想等一切思想内容的教育，目的在于提高人们的思想素质和完成现实任务。这种认识和解释在内容上比第一种宽泛。

第三种认为所谓思想政治教育不仅包含思想教育，而且包含道德品质教育。就是说，思想政治教育不仅要转变人的思想，提高人的思想素质，而且要培养和塑造人的道德品质，使人的道德认识、道德情感、道德意志和道德行为均得到提高和加强。这种认识和解释，在内容上比前两种宽泛，因为它不仅包含思想教育，还包含品德教育。

第四种认为所谓思想政治教育应当以政治思想教育为核心与重点，但是它所包含的范围更广，它不仅应当包含思想教育、道德品质教育，而且应当包含心理教育。思想政治教育的任务不仅在于提高人的思想道德素质，还在于提高人的心理素质，以便使人的思想、道德品质和心理更适应社会主义市场经济的需要，更有利于人们主动性、积极性和创造性的发挥。在新时期，影响人的情绪和积极性的，不但有政治思想问题、一般思想问题、道德品质问题，而且有心理素质问题。人的心理问题比较普遍，在许多情况下，不研究人的心理问题（需要、兴趣、动机、挫折、调适、激励等）就无法进一步调动人的积极性，发挥人的潜能，使人完成任务，也无法做好人的思想转化工作和搞好人的行为引导。因此，思想政治教育工作必然包含心理教育，以此提高人的心理素质；事实上，改革开放以来，在思想政治教育实践中，已经包含了大量的心理教育的内容。

我们所从事的是马克思主义的思想政治教育，与历史上一切剥削阶级的思想政治教育均有本质差别。因此，需要对马克思主义思想政治教育做进一步解释和说明。马克思主义思想政治教育的具体含义是，为了保证党和中华民族奋斗目标的实现，以宣传和传播社会主义和共产主义思想体系，引导人们的政治态度，解决各类思想问题，提高思想素质、道德品质和心理素质，完善人格和调动积极性为根本任务，对人们进行的以政治思想教育为核心与重点的思想教育、道德品质教育和心理教育的综合教育实践。如果单从提高中华民族人格素质角度看，思想政治教育也是一种完善人格的教育。

将思想政治教育大体规定为“以政治思想教育为核心与重点的思想教育、道德品质教育和心理教育的综合教育实践”，无论从语言逻辑上讲，还是从思想政治教育实践上讲，都是科学的、恰当的。具体解释如图1-1所示。

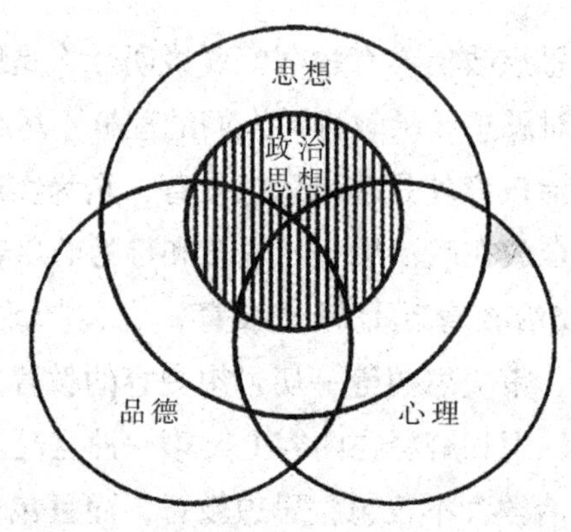

图1-1　政治思想、思想、品德、心理逻辑关系图

1.思想政治教育以政治思想教育为核心与重点

世界上，无论哪个阶级和政治集团的思想政治教育，其根本目的和任务都是传播政治理论和政治价值观，让受教育对象建立相应的政治信念。例如，进行宪法教育、合格公民教育、政治理论和观点教育、政治方针和路线教育等。政治思想教育是思想政治教育的核心与重点。

2.思想政治教育以思想教育为主干

相对于政治思想教育而言，思想教育是属概念，政治思想教育是种概念；思想政治教育包括政治思想教育，还包括哲学思想、经济思想、道德思想、人生观、审美思想等教育，所有这些思想教育构成了思想教育系统，成为思想政治教育的主干。

3.以品德教育为重要内容

思想政治教育以政治思想教育为核心与重点，以思想教育为主干，但是这两项教育不是思想政治教育的全部，思想政治教育还包含道德品质教育和心理教育。

（1）从语言逻辑上讲，思想、品德和心理每个词汇都有相对固定的内涵和外延。思想、品德和心理三个概念之间，其内涵和外延既相互关联、互有交叉，但又各自独立，互不统属，共同组成了思想政治教育概念的基本内容，缺一不可。因而，不能用其中任何一个概念代替另外两个概念。思想与品德之间相互关联、互有交叉，但是，思想代替不了品德。品德相对于思想来说是独立的。品德包含道德认识、道德情感、道德意志和道德行为等组成部分。思想与品德之间之所以发生关联和交叉，主要是因为思想包含了道德认识；而思想之所以代替不了品德，主要是因为思想包含不了道德情感、道德意志和道德行为。相对于思想来说，品德是有其特定内涵和外延的独立概念和范畴。

思想和品德与心理之间也发生关联和交叉，但是，思想和品德同样也代替不了心理。心理相对于思想和品德来说，也是独立的。心理包含感知、记忆、思维、情感、意志、能力、需要、气质、性格等心理现象。思想和品德之所以与心理之间发生关联和交叉，主要是因为思想和品德中的有些组成部分，如思想认识和道德认识、思想感情和道德情感以及道德意志等与思维、情感、意志和性格等心理现象密切相连，发生部分重合。然而，思想和品德却无论如何也包含不了全部心理现象。如记忆、能力、气质等心理现象不是思想和品德的组成部分。

还应看到，思想教育、道德品质教育和心理教育三种教育所要解决的主要矛盾和问题是有区别的。思想教育主要是解决分清是非问题，道德品质教育主要是解决言行的善恶问题，心理教育主要是解决心理健康与不健康的问题。虽然上述三种教育之间互相关联，有部分重合，但是所要解决的主要矛盾和问题不同，因而不能互相代替。

（2）从思想政治教育实践上讲，将思想政治教育规定为“以政治思想教育为核心与重点的思想教育、道德品质教育和心理教育综合教育实践”，是正确的、有利的。起码有以下三点。

第一，从目的性看，有利于党和中华民族奋斗目标的完成。将思想政治教育的含义确定为，以政治思想教育为核心与重点的思想教育、道德品质教育和心理教育的综合教育实践，有利于中国特色社会主义现代化的实现。人的精神世界是综合的，政治思想、世界观、道德品质和心理素质互相联系、互相制约和影响。以政治思想教育为重点，综合进行思想教育、道德品质教育和心理教育，不仅有利于人们形成坚定正确的政治方向，同时，也有利于人们战胜困难和挫折，发挥积极性和创造性，完成各项工作任务。以政治思想教育为重点，综合进行思想教育、道德品质教育和心理教育，符合人的精神世界活动规律，必定会使各种教育互相促进，相得益彰，从而有利于全面推动中国特色社会主义现代化建设的实现。

第二，从行为角度看，有利于诱导和完善人们的行为。人们的行为是复杂的精神力量和物质力量综合作用的结果。思想能够决定行为，道德品质、心理素质（各种需要、气质、性格等），以及人的智慧能力都能影响以至决定行为。因此，要使人们的行为方向正确、态度积极，必须以政治思想教育为重点，综合进行思想、道德品质和心理教育。

第三，从提高人的素质看，有利于完善中国人的人格。人格是现实的、有特色的个人，是思想、品德、心理和行为的综合。从培养理想人格的角度看，思想政治教育也是一种人格教育。思想政治教育以政治教育为重点，综合进行思想、道德品质和心理教育，必将全面提高中华民族的人格素质，培育出更为完善和强大的中国人格。这对于中华民族伟大复兴和中国人的人生幸福，都具有重大的意义。

（二）思想政治教育学

所谓思想政治教育学是立足在思想政治教育实践的基础上，研究进行思想品德和心理素质教育规律以及人的思想品德和心理素质发展变化的规律，是一门指导思想政治教育实践的应用科学。思想政治教育与思想政治教育学有联系，也有区别。思想政治教育是一种社会实践，而思想政治教育学则是在思想政治教育实践的基础上发展起来的一门科学。思想政治教育是思想政治教育学的实践基础，思想政治教育学则是思想政治教育实践的理论指导。思想政治教育学是一门从思想政治教育实践基础上发展起来的，又用于指导思想政治教育实践的应用学科。

思想政治教育学是在思想政治教育实践的基础上逐步形成和发展起来的。从人类有思想政治教育到产生思想政治教育学，有一个漫长的过程。人类进入阶级社会以后，开始有了思想政治教育，但还没有思想政治教育理论。不久，人们便在思想政治教育实践的基础上，创造出零星的思想政治教育知识和理论。以后，著名的哲学家、思想家、政治家和教育家们，便运用其卓越的才能创造出闪烁着智慧光芒的思想政治教育理论。这种令人惊叹的思想政治教育艺术和理论，早在我国春秋战国时代和古希腊罗马时代就已出现了。此后，在人类几千年文明史上，这种理论不断地涌现。但可惜的是，它并没有形成独立的学科，而是分散存在哲学、教育学、政治学、伦理学、心理学、美学、逻辑学以及后来的社会学、文化人类学等众多学科之中。自古以来，思想政治教育学的理论知识是在其他学科的母体内孕育和发展的。

马克思主义思想政治教育的理论和实践，已有百余年的历史，曾经产生出丰富深刻的思想教育理论的精华。但是，长期以来，仍然没有按照一门独立的学科建设它。真正提出思想政治教育学是一门学科，并且按一门学科和专业去建设它，是在党的十一届三中全会以后。之后，思想政治教育学研究进入了突飞猛进的学科建设阶段。虽然本专业的实践工作者和专业工作者十分努力，出版了大量关于思想政治教育学的专著，但毕竟学科理论知识体系还没有建设得很完善。所以，无论是思想政治教育实际工作者，还是专门研究人员，都不认为能够从事思想政治教育工作或者能够从事思想政治教育学研究，就等于完全掌握了思想政治教育学。建立体系严整、内涵深刻的思想政治教育学，仍然是摆在我们面前的一项艰巨的任务。

二、思想政治教育学的特点

研究思想政治教育学的学科特点，是为了更好地研究思想政治教育学的基本原理、规律和方法。思想政治教育学是整个马克思主义社会科学体系中的一个组成部分，它既具有马克思主义社会科学的共性，又具有本学科的特性。这些特性，具体有以下几点。

（一）党性与科学性相结合

在社会生活中，思想政治教育直接反映一定阶级或政治集团的利益和要求，具有明显的政治目的性。马克思主义思想政治教育学公开声明它具有无产阶级党性原则，坚持用马克思主义教育人，培养社会主义新型人格。在思想政治教育中，坚持唯物辩证法，反对唯心论和形而上学。各种思想政治教育理论，都不能不反映一定政治利益，也不能脱离一定世界观和方法论的指导。我们在分析某种思想政治教育理论和实践时，就不能不认真分析它的政治倾向性和世界观方法论基础。

马克思主义思想政治教育学的党性原则与科学性是完全一致的，它以马克思主义世界观和方法论作为自己的理论基础，为无产阶级的利益服务，同时，又站在人类所创造的全部知识基础之上，同全人类的根本利益保持一致性。它认为，只有这样做，才能保持正确的方向，具有真理性和无比的力量。还应该看到思想政治教育理论的复杂性，有些为剥削阶级服务的思想政治教育理论和知识，虽然其政治方向是错误的，但其中也包含许多反映人类智慧的知识和经验。

因此，对于某些剥削阶级的思想政治教育理论，要采取科学分析的态度。一方面，要揭露其理论的阶级实质；另一方面，不能一概否定它的某些有用的科学知识和方法，相反，应将其发掘出来，为我所用。总之，马克思主义思想政治教育学主张党性与科学性相统一，反对任何企图将两者对立起来的做法。只有将党性与科学性有机地结合起来，思想政治教育学才能既有坚定正确的方向，又有博大的胸怀，立足于人类全部知识财富的基础上，保持自己的先进和正确。

（二）理论性与实践性相结合

思想政治教育学是一门建立在多学科综合基础上的应用科学，是关于思想政治教育的理论知识体系，既具有理论性，又具有实践性。思想政治教育学具有高度的理论性，它不是对思想政治教育活动经验的简单描述，也不是对一般思想和行为的现象说明，而是对思想政治教育本质和规律的理性认识，是关于思想政治教育的理论知识体系。它源于实践又高于实践，具有超越现象和经验而达于本质的深刻性。它同其他学科一样，都是以深刻的理论性把握世界的，是对深藏于现象和经验后面的本质和规律的科学揭示，是理性知识的有机系统。从思想政治教育学学科建设角度看，理论性是建立思想政治教育学的理性标准。没有达到这个标准，就不能宣布它的建立。正因如此，虽然多年来关于思想政治教育的文章和书籍成千上万，但是还不能说这门科学已经建设得很完备。在这个意义上来说，没有理论性，就没有这门科学。

思想政治教育学又是一门实践性极强的应用科学，它有高于某些基础学科的社会实践性。首先，思想政治教育产生于社会实践。思想政治教育学概念的提出和完善，不是远离社会实践的纯粹理性思辨的结果，而是出于社会实践的迫切需要，是源于实践的产物。其次，思想政治教育学的发展也必须依赖社会实践。它在社会实践的基础上形成，又随社会实践的发展而发展。它从思想政治教育实践中总结出自己的理论，又在思想政治教育实践中检验它和发展它。实践是推动思想政治教育理论发展的真正动力。思想政治教育学要保持朝气蓬勃和生命力，必须面对现实、立足现实，不断解决社会实践中提出的新问题。最后，建立思想政治教育学的目的在于指导实践。思想政治教育实践是检验思想政治教育理论的唯一标准。任何一种思想政治教育理论正确与否，价值如何，完全看它在社会实践中的效果。

因此，学习和研究思想政治教育学理论一刻也离不开实践，没有人能够脱离思想政治教育实践而学到它，更没有人能够脱离思想政治教育实践而创造和发展它。一个对于思想政治教育实践经验毫无所知的人，不可能掌握它，更谈不到发展它。对这门学科的学习、掌握和应用的效果，在很大程度上取决于个人是否能够做到理论与实践相结合，言与行相统一。马克思主义思想政治教育学要取得突破性的进展，必须坚定地立足于社会实践经验的基础上，下功夫开拓它的深层次理论，将理论性与实践性紧密结合在一起。

（三）独立性与综合性相结合

思想政治教育学是一门综合性很强的学科。它的研究对象本身就是一个处于运动变化状态的具有多层次、多侧面和多种运动形式的综合体。要摸清思想政治教育学研究对象的本质和规律性，也必须从多层次、多侧面、多角度综合研究各种运动形式才有可能。思想政治教育学的知识体系是综合的，它的知识体系是借助马克思主义哲学、教育学、心理学、伦理学、政治学、逻辑学、美学等许多学科的理论知识而形成发展起来的，还与社会学、管理学、人类学、法学、文学以及系统论、控制论、信息论等学科有密切关系。其涉及面之广，远远超过其他许多学科。可以说，思想政治教育学的知识结构是在实践的基础上综合运用多种学科知识而建立起来的。综合性是思想政治教育学的一个突出特点。

思想政治教育学又是一个独立的学科。思想政治教育学的综合性显示了本学科的丰富性和复杂性，但是，这种丰富和复杂并不是毫无统一规律可言的杂乱无章，更不是失去整体统一性的杂多的外在的拼凑，而是在整体统一基础上的丰富性和复杂性。这表现在两方面。一是思想政治教育学的研究对象具有整体统一性。虽然思想政治教育学的研究对象包含着多层次、多侧面和多种运动形式，但它是一个有着高度整合作用的统一体。人的思想、品德、心理以及生理活动，互相联结、互相影响，能够整合为一种具有内在统一性和规律性的整体——人格。人格的内涵丰富，行为复杂，却是一个有机的统一整体。对人进行思想品德和心理素质教育虽然十分复杂、深奥难测，但也具有内在统一的客观规律性。思想政治教育学研究对象的复杂性是以统一性为前提的，是在统一性基础上对多种运动形式的有效综合。二是思想政治教育学具有本学科的系统理论。思想政治教育学虽然综合运用多门学科的知识和理论，但并不是没有自己独特的知识和理论，更不是没有本学科的原理和规律；思想政治教育学是由本学科自己的原理、规律、原则和方法构成的。它综合运用多门学科的知识和理论只是为了丰富自己的知识基础，因此，从思想政治教育学的知识结构看，它具有综合性。但是，它又具有本学科的系统理论，具有独立性。它的综合性是以独立性为前提的，是独立学科对多种学科知识和理论的吸收和消化，不是多种学科知识和理论的外在拼凑和叠加。

思想政治教育学的独立性和综合性是统一的，它是一门具有系统理论知识结构的独立学科，又是一门吸收了其他学科有用知识的学科。它对于多门学科的知识和理论吸收得越好，它的原理和规律便越深刻，而它的原理和规律越深刻，便越有利于科学地吸收其他学科的知识和理论。

（四）批判性与继承性相结合

马克思主义理论的本质是批判的和革命的，批判性是马克思主义理论的本质特征，同时，马克思主义理论也具有继承性，主张在批判的基础上继承和发展一切优秀的文化遗产。对待历史上曾存在过的各种形态的思想政治教育理论以及与之相关的理论，无批判地兼收并蓄是错误的，而否定一切的虚无主义同样也是错误的。应当像马克思对待历史文化遗产的态度那样，“凡是人类社会所创造的一切，他都有批判地重新加以探讨，任何一点也没有忽略过去。凡是人类思想所建树的一切，他都放在工人运动中检验过，重新加以探讨，加以批判，从而得出了那些被资产阶级狭隘性所限制或被资产阶级偏见束缚住的人所不能得出的结论”。马克思对待人类文化遗产的科学态度，给我们指明了一条建立马克思主义思想政治教育学的正确道路——批判与继承相结合。

对待以往一切思想政治教育理论的批判继承，主要表现在两点上：一是批判地继承优秀历史遗产。这就是用马克思主义理论和方法，以批判的眼光结合实际，对历史遗产做一番缜密的研究工作，取其精华，弃其糟粕，为奠定思想政治教育学的知识基础服务。二是借鉴经验教训。批判继承不仅是为了继续以往优秀的知识和传统，也是为了总结历史的经验教训，分析理论失足的原因，以作为今天的借鉴。例如，孟子与告子关于人性的争论，就有许多可借鉴的地方。孟子主张人性善，认为人有恻隐、羞恶、辞让、是非之心，即仁、义、礼、智，“四端”是天生的，和“四体”（双手和双足）一样，人人都有。孟子将人的社会本质与自然本质混为一谈，有唯心主义先验论的倾向。告子驳斥了孟子的观点，提出了性无善无不善的命题。认为人性如流水，“决诸东方则东流，决诸西方则西流”，受什么影响，就会形成什么人性。但是，他又把人性仅仅看成食、色等本能的要求，抹杀了人性的社会性，混淆了人的自然本质与动物本能的区别，给孟子反驳的机会。孟子批驳告子说：“然则犬之性犹牛之性，牛之性犹人之性欤？”孟子正是抓住了告子抹杀人的社会性，混淆人的自然属性与动物本能的区别，才击中要害的。这场历史争论给我们以深刻的启发，在研究人性时只有全面地分析人的自然属性和社会属性的复杂关系，才能准确地揭示遗传、环境教育和自身努力在人性形成中的作用。可见，批判性与继承性相结合，是马克思主义思想政治教育学的一大特色。在批判继承中，必须有批判、分析、扬弃、吸取和发展。只有这样，才能做到古为今用、洋为中用。那种毫无批判的兼收并蓄或者排斥一切继承和借鉴的历史虚无主义，都对建立马克思主义思想政治教育学有百害而无一利。

第二节　思想政治教育学的研究对象与研究方法

一、思想政治教育学的研究对象

思想政治教育学是关于思想政治教育发展规律的科学，思想政治教育是该学科的中心概念。思想政治教育学的研究对象是什么呢？一般认为，思想政治教育学的研究对象是对人进行思想政治教育的规律。

一个学科能够存在并发展，首先必须有其独立的研究对象，对思想政治教育学这一学科确立独特的研究对象更加重要。思想政治教育学的研究对象不能笼统地定义为人，因为人包括了自然属性和社会属性。即使社会属性，也可以从不同的方面来描述。思想政治教育学必须明确本学科是研究人的哪一方面。一方面，要避免把思想政治教育学的研究对象简单定义为人；另一方面，要避免把思想政治教育看成社会主义革命和建设的现象，而应该把思想政治教育现象看成人类社会普遍存在的一种社会现象。从这两方面来看，就不能把人的思想品德的形成和发展规律看成思想政治教育的研究对象。心理学、行为科学等学科已经形成了比较完善的人格理论、动机理论、行为理论等来解释人的思想品德形成和发展规律，因此没有必要再把这一规律列为思想政治教育学的研究对象。

把思想政治教育的研究对象定位为对人进行思想政治教育的规律，符合现实的需要和现实的发展状况。在已有的对人进行思想政治教育的规律的基础之上，学者提出了“适应超越律”“双向互动律”“要素协同律”等规律，这些规律的提出为思想政治教育学的发展和思想政治教育活动的开展奠定了良好的基础。从现实需要来看，思想政治教育学要服从和服务于国家改革发展的大局，推动人民群众能更好地理解党和国家方针政策，使全国人民保持积极向上的奋斗精神，为构建和谐文明的社会风尚而服务。如果思想政治教育学不研究对人进行思想政治教育的规律，就很难保证这些任务的完成。思想政治教育学存在的意义就是值得怀疑的。

二、思想政治教育学的研究方法

所谓思想政治教育学的研究方法，是指开展思想政治教育学这门学科理论研究的方法。思想政治教育学的研究方法，是思想政治教育工作者进入科学殿堂的钥匙，也是开展思想政治教育学研究的工具和武器。思想政治教育学的研究方法可以分为两部分：一是思想政治教育学研究的方法论基础；二是思想政治教育学的具体研究方法。

（一）思想政治教育学研究的方法论基础

思想政治教育学研究的方法论基础是马克思主义哲学，即辩证唯物主义与历史唯物主义。辩证唯物主义与历史唯物主义是关于自然、社会和人的思维发展的最普遍规律的科学，是一切社会科学研究的方法论基础，也是马克思主义思想政治教育学研究的方法论基础。辩证唯物主义和历史唯物主义方法论基础，主要内容有以下四点。

第一，坚持事物的普遍联系和相互作用的观点。根据唯物辩证法关于相互联系和相互作用的观点，宇宙间一切事物都不是孤立存在的，事物间总是互相联系、互相制约、互相作用的。思想政治教育与社会整体是相互联系和相互作用的，思想政治教育内部各要素之间也是相互联系和相互作用的。因此，任何孤立研究思想政治教育或孤立研究思想政治教育过程中的某个要素，都是片面的、不正确的。

第二，坚持对立统一的观点。对立统一观点是马克思主义哲学的基本观点，也是研究思想政治教育的基本观点。对立统一观点认为，矛盾既具有普遍性，又具有特殊性。矛盾既统一又斗争，是一切事物发展的动力。根据马克思主义哲学对立统一观点，思想政治教育的矛盾是普遍存在的，而每种矛盾又都具有其特殊性，思想政治教育的矛盾是推动思想政治教育发展变化的内在动力。矛盾的对立统一观点是研究思想政治教育的根本观点。

第三，坚持事物的发展变化观点。马克思主义哲学认为，一切事物都处在发展变化之中，运动是绝对的、永恒的，静止是相对的、暂时的。根据这一观点，社会是发展变化的，人的思想、品德、心理是发展变化的，思想政治教育的理论也是发展变化的。在一定条件下，它们具有相对稳定性，但又总是处在发展变化之中，用静止的观点看问题是片面的、错误的，只有坚持马克思主义发展变化的观点，思想政治教育学研究，才能跟上时代的发展，生气勃勃和卓有成效。

第四，坚持事物本质和现象的辩证统一观点。任何事物既有现象，又有本质。现象是能够感觉的事物的外部联系，本质是不能直接感知的事物的内部联系。本质和现象既是对立的，又是统一的，人们可以通过现象认识本质。坚持马克思主义关于本质和现象对立统一的观点，在思想政治教育学研究中，就要善于分辨本质与现象、真相与假象的区别，不为假象所迷惑，能够透过现象把握本质和规律，防止失误，掌握工作的主动权。

辩证唯物主义和历史唯物主义的方法论基础还有许多内容，如质变与量变、肯定与否定、前进性与曲折性、内容与形式、一般与个别、全局与局部、内因与外因、原因与结果、必然性与偶然性、必然与自由、认识的辩证运动、实践是检验真理的唯一标准等，十分丰富深刻。只有坚持辩证唯物主义和历史唯物主义方法论基础，才能科学地、有效地开展思想政治教育研究。

（二）思想政治教育学的具体研究方法

思想政治教育学的具体研究方法很多，在此只介绍其中五种。

1.调查法

调查研究是思想政治教育学研究的基本方法，在思想政治教育学研究的各个领域中普遍采用。调查法是一种侧重在搜集论据，给思想政治教育研究提供定性和定量基础的一种研究方法。经常采用的调查研究方法有抽样调查法、谈话调查法和问卷调查法。

2.经验法

这是一种通过总结经验、概括提炼，上升为理论的研究方法。经验法是思想政治教育学研究的基本方法之一。实践经验是发展理论的基础，理论是对经验的概括。在实践经验的基础上进行正确的概括，才能形成科学的理论。总结经验，正反两方面的经验都要总结，成功的经验和失败的教训对于认识规律都是重要的。在总结经验中，所有材料必须力求丰富翔实，不能零碎不全。在经验材料齐全的情况下，才可能经过科学分析，去粗取精，去伪存真，由此及彼，由表及里，达于理性认识，使经验上升为理论、规律、原则和方法。经验的方法是中华人民共和国成立以来，进行思想政治教育研究的最主要方法。

3.实验法

这是一种通过设计情境，控制条件，观察和分析活动去掌握因果关系，摸清本质和规律的研究方法。为了达到一定的研究目的，必须周密设计一个可以控制的理想环境，排除与实验无关因素的干扰，严格按计划有步骤地进行实验。为了得出精确的实验结果，可以进行反复实验，对比实验，还要注意用科学方法统计数据和说明，以便得出规律性的结论。在我国思想政治教育研究中，比较经常采用的实验方法是典型实验法和跟踪实验法，其他实验方法的采用尚不普遍。

4.文献法

这是通过查阅有关文献资料，了解所要研究对象的一种方法。文献法对于全面了解一个地区或单位的情况，系统掌握某个人或事情的历史和现状，借鉴以往的研究成果，达到更高一层次的认识，有着十分重要的价值。在一定意义上说，没有对于文献资料的系统掌握，就不可能有高水平的研究。查阅文献资料必须有明确的目的和计划，注意资料的系统和齐全。在查阅过程中边阅读、边分析、边摘录，并要严格鉴别资料的真实可靠性。

5.个案法

这是通过对某个研究对象做深入、全面和长时间的观察、分析、研究，将有关资料详细备案，以便摸清对象思想道德心理的发展规律和进行教育规律的方法。人的思想道德和心理发展是一种个案现象，思想政治教育的根本目标在于提高人的思想道德和心理素质，引导其行为，塑造完美的人格。个案研究从不同角度观察对象个体思想品德、心理发展变化过程和实施教育的过程，积累资料，分析研究，有利于揭示思想政治教育的客观规律性。经验证明，个案研究是思想政治教育学研究的重要基础，忽视个案研究，就会失去研究的可靠性。个案法可以与调查法、经验法、实践法等密切联系，配合使用。

第二章　思想政治教育学的学科理论

第一节　思想政治教育学的学科体系与学科特点

一、思想政治教育学的学科体系

（一）思想政治教育学的理论体系

思想政治教育学的理论体系是由本学科特有的概念、范畴和术语以及由它们组织起来的基本理论和研究方法所构成的知识体系。关于思想政治教育学的理论体系，存在着一些不同的意见。我们认为，思想政治教育学的理论体系主要由以下三大部分组成。

1.思想政治教育学基本理论

思想政治教育学基本理论表现为思想政治教育学特有的一系列基本概念和基本原理，包括：思想政治教育学理论基础，即马克思主义思想政治教育理论；思想政治教育学研究对象和基本范畴；思想政治教育的地位和功能；人的思想品德形成发展规律；思想政治教育过程及其规律；思想政治教育者与教育对象；思想政治教育的目的、任务、内容及原则；思想政治教育与环境的相互作用等。

2.思想政治教育史

思想政治教育史是关于思想政治教育起源与发展历史的理论。思想政治教育是人类历史的产物，随着社会的发展变化而不断发展。了解思想政治教育的历程，总结并借鉴其历史经验，对于开展思想政治教育的理论研究和实际工作都有重要意义。有关思想政治教育史的理论知识是思想政治教育理论体系不可或缺的组成部分，这一部分内容包括：马克思主义诞生前（包括奴隶社会、封建社会、早期资本主义社会）的思想政治教育史、近现代资本主义的思想政治教育史、无产阶级的思想政治教育史等。在这笔丰富的历史遗产中，无产阶级思想政治教育史，尤其是中国共产党思想政治教育史的历史经验和优良传统，应该是研究的重点。在社会主义现代化建设进程中，尤其应注意总结党的思想政治教育丰富的历史经验，发扬其优良传统。

3.思想政治教育学的分支学科

在关于思想政治教育学理论体系的讨论中，许多人认为思想政治教育的方法理论和管理理论分别是思想政治教育学理论体系的组成部分，笔者过去也持这一观点。现在看来，这一看法值得进一步斟酌，因为随着思想政治教育学理论研究的深入，其分支学科逐渐增多，如果每一分支学科都被看作思想政治教育学理论体系独立的组成部分，那这一理论体系就处于极不稳定的状态，也缺乏弹性。因此，本书认为，思想政治教育学理论体系的第三个部分可概括成“思想政治教育学的分支学科”，包括：思想政治教育方法论、思想政治教育管理学、思想政治教育心理学。思想政治教育学分支学科是运用思想政治教育学基本理论研究思想政治教育某一领域、某一方面所形成的学说，既与基本理论密切联系，又有其自身的相对独立性。无论是对于思想政治教育学科建设，还是对于思想政治教育实践，分支学科都有着十分重要的意义，值得深入研究。

由于思想政治教育学创立不久，对上述内容的研究有些还不尽充分，需要继续努力对思想政治教育学学科体系的方方面面进行深入研究，进而建立完善的具有中国特色的思想政治教育学理论体系。

（二）思想政治教育学的基本范畴

思想政治教育学范畴在思想政治教育实践的基础上产生，反过来又对其实践起指导作用。范畴研究有利于揭示思想政治教育的本质和规律，有利于推进思想政治教育学科研究的不断深化。

思想政治教育学范畴研究是近十几年来思想政治教育学研究的重要领域。由于各自的观点不同、研究的角度不同，学者们提出的范畴也各不相同，意见分歧较大。有学者对其做了较为系统的梳理，认为思想政治教育学范畴是一个由起点范畴、中心范畴、中介范畴、结果范畴和终点范畴所构成的范畴体系。我们认为，思想政治教育学范畴可分为两大层次，即基本范畴和一般范畴。基本范畴是范畴中最本质、最稳定、最普遍的部分，它们应该是思想政治教育规律的具体反映，数量不宜太多；一般范畴的范围则可以宽泛一些。以下对思想政治教育学的若干基本范畴做简略探讨，以期深化对思想政治教育学范畴的认识。

1.个人与社会

个人与社会是揭示人的本质和思想政治教育本质的重要范畴。马克思主义认为，人是历史的具有社会性的个体，社会则是以共同的物质生产活动为基础而相互联系和运动发展的人类生活共同体。马克思指出：“人是一个特殊的个体，并且正是他的特殊性使他成为一个个体，成为一个现实的、单个的社会存在物。”然而，人的本质不是单个人所固有的抽象物，在其现实性上，它是一切社会关系的总和。现实的人总是生活在一定的社会关系之中，每个人都不能离开社会而生存，人的生存和发展受到社会的制约。社会也总是人的社会，由无数个体所组成，离开了人，社会也就不复存在了，人在受到社会制约的同时也会作用于社会。个人与社会的这种紧密联系、相互依存的关系启示我们，在研究人的思想和行为时，不仅要看到个人和个人行为，而且要看到个人及其行为的背景，即一定的社会结构和社会关系；在进行思想政治教育时，不仅要注意教育的影响作用，还要注意包括社会结构和社会关系在内的多种因素所造成的社会环境的影响和制约。同样，研究社会生活和社会关系也不能忽视人和人的活动，因为社会生活和社会关系都是由人的活动所创造并改变着的。

2.思想与行为

人的总体面貌往往表现为思想与行为两个方面。思想与行为就是揭示人的思想活动和行为表现相互关系的范畴。思想政治教育学所研究的思想，是指制约人的行为的各种精神因素的总和，包括人的理性认识（这是主要的）和部分感性认识；行为则是在思想支配下所产生的言论、活动等外在表现。人的思想和行为紧密相连，相互作用。思想是行为的先导，支配和改变行为，除条件反射行为外，人的行为都受到思想不同程度的制约；行为表现思想，并通过其效果对思想产生反馈作用。人的思想和行为在很多时候是一致或基本一致的，因而可以通过人的思想预知其行为，也可以通过人的行为分析其思想。然而在现实生活中，在许多人身上，思想和行为的不一致是经常发生的，其表现为知行脱节、表里不一。引导人们形成正确的思想，并帮助人们解决思想和行为脱节的矛盾，使人们在社会实践的过程中按照社会要求实现思想和行为的统一，正是思想政治教育的重要任务。由于思想政治教育学要研究如何使人们形成符合社会要求的思想，如何使人们正确的思想转化为相应的行为，因此，对思想与行为范畴的科学把握，有助于揭示人的思想品德形成发展的规律以及思想政治教育的规律。

3.内化与外化

内化与外化是揭示人的思想行为变化发展过程及其规律的重要范畴。内化是指在思想政治教育过程中，受教育者在教育者的帮助下将社会发展所要求的思想观念、价值观点、道德规范纳入自己的态度体系，使之成为自己品德意识有机组成部分的过程。外化则是指受教育者在教育者的引导下，将已经形成的品德意识转化为行为表现和行为习惯的过程。思想政治教育是否有效，最重要的是看思想政治教育所传导的思想、观念、规范能否为教育对象所真正接受，即内化为他们的思想和态度，并通过相应的行为表现出来。因此，内化与外化就成为思想政治教育至关重要的问题。在思想政治教育过程中，内化与外化既紧密联系又有所不同。内化是教育者促使受教育者变“社会要我这样做”为“我要这样做”，外化则是教育者引导受教育者变“我要这样做”为“我正在（已经）这样做”。内化是外化的基础和前提，外化是内化的外显和表现，它们分别表明人的思想品德形成发展过程的不同阶段，也在某种意义上表明思想政治教育过程的不同阶段。当然，我们又不能仅仅将内化与外化看作前后相继的两个阶段。因为内化中有外化，即在内化过程中会有相应的行为表现；外化中也有内化，即行为表现又会强化内化。两者实际上是思想政治教育过程和人的思想品德形成发展过程中，侧重点各有不同的、联系密切的两种活动，它们共同推动受教育者的思想不断向社会要求的方向发展。

4.教育主体与教育客体

教育主体是指思想政治教育过程中有目的地施加教育影响的教育者，教育客体则是指接受思想政治教育影响的受教育者。教育主体与教育客体是思想政治教育过程中的两个基本因素，两者之间的关系是教育过程中最基本的关系。教育主体与教育客体这对范畴，就是反映两者之间关系及互动规律的基本范畴。在具体的思想政治教育过程中，教育者是主体，处于主导地位，发挥着主导作用；受教育者则是教育所作用的对象，是客体。两者的区别是明确的，但两者的界限又是相对的，不存在绝对的教育者和受教育者。思想政治教育者既是主体又是客体：一方面，教育者必先受教育，只有很好地学习并领会社会发展的要求，才能充分发挥其主导作用；另一方面，现代社会信息双向交流的特点，决定了教育者在施教的同时亦要向教育对象学习，不断充实、完善自己，更有效地开展思想政治教育。受教育者既是客体又是主体：受教育者在受到教育影响时，是客体；但教育影响只有通过受教育者主动积极地接受、消化，通过自身内在的思想矛盾运动，才能起作用，受教育者在这个过程中又起着主导作用，是自我教育的主体。教育主体与教育客体相互联系、相互作用的关系，规定着思想政治教育的诸多原则。正确处理两者的关系，必须贯彻疏导原则、身教与言教相结合的原则、教育与自我教育相结合的原则等，在发挥教育者主导作用的同时，充分发挥受教育者的主动性、能动性、创造性，从而达到思想政治教育的目的。

5.教育与管理

教育与管理是反映思想政治教育与其重要的平行子系统——管理之间的相互关系的重要范畴。思想政治教育是教育者对受教育者施加有组织、有计划、有目的的教育影响的实践活动，主要靠说服教育、以理服人、以情感人，实现提高受教育者思想道德素质的目的。管理则是组织运用经济、行政、纪律、法规等手段规范人们的行为，以维护正常的工作和生活秩序的实践活动，主要靠规范约束，带有一定的强制性。管理和思想政治教育是两种不同的活动，二者性质不同，功能有异，但又有着密切的联系，在实际工作中，二者相互渗透，互为基础，互相促进，相辅相成。

一方面，思想政治教育离不开管理。科学的、规范的管理可以起到理顺关系、化解矛盾、促进社会活动有序进行的作用，这在客观上有助于营造良好的思想政治教育环境，有利于促进人们良好的思想品德及行为习惯的形成。可见，有效的管理是思想政治教育顺利进行并取得实效的重要基础。

另一方面，管理也需要思想政治教育的作用。只有在科学管理的同时，加强思想政治教育，使人们对法规、制度、纪律等管理手段产生认同感，自觉遵守它们，管理的作用才能更好地发挥。管理和思想政治教育紧密联系、相互作用的关系，要求思想政治教育学要把管理纳入自己的研究视野，认真研究管理在思想政治教育过程中的功用及其发挥功用的特征，为在实践中更好地发挥管理的教育作用提供理论指导；同时要求思想政治教育学认真探讨如何将思想政治教育渗透到管理之中，以更好地作用于教育对象。

仅从上述简略的讨论中就可看出，范畴研究关系到思想政治教育学科建设的方方面面。加强思想政治教育学范畴研究，必将促进思想政治教育学科建设向高水平发展。

二、思想政治教育学的学科特点

思想政治教育学作为一门学科，有其自己的学科特点。这些特点包括实践性和综合性。

（一）实践性

实践性是指思想政治教育学具有来源于实践又指导人们从事实践活动的特性。其实践性主要表现为以下三个层面。

第一，思想政治教育学是在思想政治教育实践活动的基础上产生和发展起来的。没有这方面大量的思想政治教育实践活动，就没有这门学科理论体系的产生。这里讲的思想政治教育实践活动，既包括党的思想政治教育实践活动，也包括中外历史上的思想政治教育实践活动。正是这些长期的大量的实践活动，才为思想政治教育学理论体系的构建和完善提供了丰富的实践经验和理论成果。

第二，思想政治教育学指导思想政治教育实践活动的开展。这门学科的理论构建起来后能够指导思想政治教育的实践活动，促进思想政治教育的科学化，取得良好的教育效果，使思想政治教育在社会主义建设的各项工作中更好地发挥保障和服务作用。

第三，思想政治教育学要接受思想政治教育实践的检验。思想政治教育学的学科体系是在一定的社会背景和人们认知水平的基础上建立起来的，由于社会发展阶段的局限性和人们认知的局限性，这就不可避免地使思想政治教育学在社会和人的认知发生变化后，原有的理论体系出现一些不适应。

因此，思想政治教育学只有不断接受思想政治教育实践的检验，在实践中充实新的理论，才能与时俱进和日趋完善。

（二）综合性

综合性是指思想政治教育学的理论体系具有将相关学科知识吸收为本学科知识的特性。

思想政治教育学的综合性体现在两个层面。

第一，从思想政治教育学的内容结构分析，其构成内容以思想政治教育理论为主体，还吸收其他相关学科的知识，从而具有综合多门学科知识的属性。

第二，从思想政治教育学的学科体系分析，思想政治教育学的学科知识结构是一个由多种因素组成的综合体。

思想政治教育学既有马克思主义的部分原理，也有思想政治教育理论，特别是有中国共产党思想政治教育理论，还有教育学、政治学、伦理学、社会学等其他学科的相关知识。这些知识组合起来，就构成了思想政治教育学的理论体系。

第二节　思想政治教育学的若干理论依据

一、马克思主义是思想政治教育学的理论基础

（一）用完整准确的马克思主义指导学科建设

马克思主义是一个十分完整而严密的理论体系。我们必须坚持这一理论的整体性和系统性，防止和克服教条主义、实用主义等不良倾向，坚持以完整准确的马克思主义科学体系指导思想政治教育学的理论研究。

要理解马克思主义的整体性，必须首先回答“什么是马克思主义，怎样坚持马克思主义”，即应该回答“坚持什么样的马克思主义，如何坚持马克思主义”这个首要的基本理论问题。

1.坚持以完整准确的马克思主义为指导

（1）坚持马克思主义的本质规定性。马克思主义的本质规定性，直接体现了马克思主义的实质。坚持马克思主义，最根本的是要坚持马克思主义的本质规定性。一是坚持辩证唯物主义和历史唯物主义的世界观和方法论，这是马克思主义最根本的理论特征；二是坚持为建设社会主义和实现共产主义而奋斗，这是马克思主义最崇高的社会理想；三是坚持为无产阶级和广大人民群众谋利益，这是马克思主义最鲜明的政治立场；四是坚持一切

从实际出发，理论联系实际，实事求是，在实践中检验真理和发展真理，这是马克思主义最重要的理论品质。马克思主义的本质规定性是区分真假马克思主义的分水岭和试金石，也是揭示马克思主义中国化客观规律的关键所在。

（2）坚持马克思主义的基本原理。马克思主义基本原理，是马克思主义科学体系的基本内容，是马克思主义本质规定性的生动体现。它是指马克思、恩格斯及其继承者们创立和发展的、经受了社会实践反复检验所证明为真理的那些科学原理，即关于自然、社会和思维发展的一般规律，也就是马克思主义哲学、政治经济学、科学社会主义共同揭示的基本理论和基本观点。其中包括：马克思主义哲学所揭示的基本原理，如关于哲学基本问题的原理、反映论原理、历史决定性原理、社会结构原理，还有马克思主义人学特别是人的本质、人的主体性、人的交往实践、人的全面发展原理，马克思主义的价值论、方法论等；政治经济学所揭示的基本原理，主要有劳动价值论、剩余价值论等；科学社会主义所揭示的基本原理，如关于资本主义和社会主义历史命运的理论、无产阶级专政理论、阶级斗争理论、党的建设理论等。要结合不断发展的社会生活实际对这些基本原理做出科学阐释，并不断推进实践基础上的理论创新，在发展中坚持马克思主义的基本原理。

（3）坚持马克思主义的基本特征。马克思主义的基本特征是马克思主义的本质规定性和基本原理的外在表现，是马克思主义与其他思想体系存在根本区别的标志。马克思主义的基本特征是分层次的。第一层次是实践性、科学性，这是马克思主义最根本的特征；第二层次是开放性、动态性（发展性）、创新性，这是第一层次特征的必然要求和具体体现。坚持马克思主义的基本特征，既要坚持马克思主义的阶级性、实践性、科学性，又要坚持马克思主义的开放性、发展性、创新性，并把两者有机地统一起来。只有这样，才能在坚持马克思主义基本原理的同时，不断创新和发展马克思主义。

马克思主义的本质规定性、基本原理和基本特征是相辅相成而又内在统一的。坚持马克思主义，最根本的是要坚持马克思主义的本质规定性，坚持马克思主义的基本原理和马克思主义的基本特征。只有这样，才能完整、准确地理解和把握马克思主义的科学体系，以指导思想政治教育学科的健康发展。

2.如何坚持以完整准确的马克思主义为指导

（1）必须完整、准确地把握马克思主义的科学体系。只有这样，才能真正领会马克思主义的精神实质。这就要求我们必须深入研究马克思主义发展史、马克思主义基本原理，掌握马克思主义的立场、观点和方法，用科学的态度对待马克思主义，反对任何对马克思主义的割裂、肢解、歪曲、庸俗化以及实用主义的态度。不应把马克思主义经典作家在一定条件下讲的话，不问时间、地点、条件，到处搬用。例如，19世纪四五十年代，马克思的视野主要在欧洲，《德意志意识形态》《共产党宣言》和《资本论》所论述的资本主义的起源和发展的历史阶段，主要是根据欧洲资本主义国家的历史概括的，马克思、恩格斯从来没有把它看作历史发展的一般规律，更没有将它作为世界各国各民族社会发展的一般道路。要正确和全面地理解为什么20世纪社会主义运动总是先在经济文化较落后的国家取得胜利，就必须同时深入学习和完整地把握马克思的东方社会理论，弄清为什么可能而且必须跨越资本主义“卡夫丁峡谷”及怎样跨越的问题，从而从中得到理论启迪，坚定走中国特色社会主义道路的信念。可见，要正确地回答哪些是必须长期坚持的马克思主义基本原理，哪些是需要结合新的实际加以丰富发展的理论判断，哪些是必须破除的对马克思主义的教条式的理解，哪些是必须澄清的附加在马克思主义名下的错误观点，就必须进行深入的理论研究，完整、准确地把握马克思主义的科学体系，领会其精神实质。只有这样，才能更好地坚持和发展马克思主义。

（2）必须坚持和巩固马克思主义在意识形态领域的指导地位。要勇敢地回应种种挑战和攻击，旗帜鲜明地捍卫马克思主义。对“马克思主义过时论”“社会主义破产论”“社会主义失败论”“意识形态终结论”等，应根据马克思主义的基本原理进行科学的批判，做出有充分说服力的回答。对于国内经济关系多样化、经济利益多样化、组织形式多样化、就业岗位多样化给人们带来的种种困扰，应联系实际加强马克思主义理论教育，用马克思主义中国化的最新成果武装人们的头脑，帮助人们解除困扰。

（3）必须坚定不移地推进马克思主义中国化。坚持马克思主义，要在解决实际问题的进程中来落实，要用实践的效果来检验。用马克思主义中国化的最新成果来解决中国重大的实际问题，把中国特色社会主义事业不断向前推进，才能真正坚持马克思主义。不能用本本去框实践，而只能用实践去发展本本，确立以实际问题为中心研究马克思主义的方法，是我们党一贯倡导的科学方法论。

（4）必须不断丰富发展马克思主义。坚持和发展马克思主义是辩证统一的，应在坚持中发展，在发展中更好地坚持，而坚持马克思主义又要以根据实践的发展不断推进理论创新为条件，否则马克思主义就会丧失活力，就不能很好地坚持下去。坚持在实践的基础上进行理论创新是坚持马克思主义的内在要求和必备条件。坚持理论创新，一是必须坚持马克思主义的立场、观点、方法，坚持马克思主义的基本原理。这点，要坚定不移，不能含糊。二是一定要贯彻解放思想、实事求是的思想路线，坚持勇于追求真理和探索真理的革命精神。这一点，也要坚定不移，不能含糊。

（二）坚持以马克思主义中国化的理论成果来指导学科建设

在坚持马克思主义中发展马克思主义、在发展马克思主义中坚持马克思主义，不仅是对待马克思主义的科学态度、发挥马克思主义创造活力的关键，而且是中国共产党的优良传统和21世纪仍须继续坚持的根本原则。中国共产党之所以能够经受住国际形势风云剧变的严峻考验，坚持马克思主义在意识形态领域的指导地位，其根本原因正在于此。

中国共产党在把马克思主义同中国实际相结合的过程中不断推进马克思主义中国化取得的理论创新成果，极大地丰富了马克思主义的理论宝库，推动了马克思主义的发展，为思想政治教育学奠定了更为丰富、坚实的理论基础。我们要坚持把一脉相承、与时俱进相统一的中国化的马克思主义理论，作为思想政治教育及其学科建设的指导思想和理论基础。马克思主义必定随时代、实践和科学的发展而不断发展。究竟是从本本出发，还是从实际出发，用马克思主义的立场、观点、方法来研究和解决中国的现实问题，是一个关系着是否以科学态度对待马克思主义、能否发挥马克思主义创造活力的大问题。我党在长期的革命斗争中形成了理论联系实际的优良传统和优良学风，一直把是否坚持马克思主义的基本原理同中国革命、建设和改革的实践相统一，作为党是否成熟以及成熟程度的标准来看待。今天，我们建设有中国特色的社会主义，加强有中国特色的思想政治教育学科建设，仍然必须发扬这个优良传统。一方面，要牢记马克思主义的基本原理一定不能丢，丢了就会丧失根本；另一方面，一定要以我国改革开放和现代化建设的实际问题、以我们正在做的事情为中心，着眼于马克思主义理论的运用，着眼于实际问题的理论思考，着眼于新的实践和理论的发展。坚持中国特色社会主义理论体系，就是真正坚持马克思主义；高举中国特色社会主义理论的旗帜，就是真正高举马克思主义旗帜。与此相应，思想政治教育学科建设要特别强调坚持以中国特色社会主义理论体系为根本指导思想，坚持以党的基本理论、基本路线、基本纲领、基本经验为指针。

二、思想政治教育学的理论借鉴

思想政治教育学是一门综合性、应用性很强的新兴学科，它除了要以马克思主义基本原理作为理论基石外，还要从相关学科中汲取营养。思想政治教育学广泛借鉴吸收了教育学、伦理学、心理学、政治学、社会学等学科的相关理论和研究方法，从而丰富了自己的知识来源，充实了自己的理论体系。

（一）教育学

教育学是研究教育现象，揭示教育规律的科学，它主要探讨教育的一般原理，是整个教育科学体系中的基础学科。思想政治教育学研究的是对全社会所有人进行的思想政治教育，而教育学主要是研究一般的学校教育。教育学的一般规律和原则与思想政治教育实践相结合，积极吸收教育学丰富而完备的知识和理论，有助于建立思想政治教育特有的理论、原则、方法的学科体系，真正自觉地认识和把握思想政治教育的规律。

1.借鉴教育学揭示教学规律的理论

教育学强调教育过程要遵循教学规律，教学规律是客观存在于教学过程中的不以主观意志为转移的本质联系。

（1）掌握知识和发展智力相统一的规律。对受教育者而言，知识获取与能力培养是辩证统一的，单纯抓知识的传授或只重能力的发展都是片面的。思想政治教育在重视对受教育者进行马克思主义基本理论知识传授的同时，也需要着力进行共产主义理想和信仰的教育，使受教育者“真信、真爱、真懂”，真正有效地实现马克思主义的大众化。

（2）传授知识与思想教育相统一的规律。教师在教学过程中传授知识的同时，总是会对学生的思想感情、立场观点、意志性格、道德品质等方面施加一定的影响，使学生受到一定的品德和思想教育。同时，在教学过程中，教师的思想品质、言谈举止，也会对学生产生潜移默化的影响。因此，教师应严谨治学，为人师表。思想政治教育者更应重视自身良好形象的塑造，做到知行统一、言行一致。

（3）教师主导作用和学生主体地位相结合的规律。在教和学的统一活动中，教师在教学过程中起主导作用，引导学生去认识和发展，而学生是学习的主体。教师的主导作用和学生的主体地位是辩证统一的。思想政治教育中教育者和受教育者的关系，也呈现出主导和主体的特点，它们二者的关系如何，直接影响到思想政治教育的效果。

2.借鉴教育学探索教学模式的理论

教学模式指建立在一定的教学理论或教学思想基础之上，为实现特定的教学目的，将教学的诸多要素以特定的方式组合成相对稳定的教学结构框架，并具有可操作性程序的教学模型。重视对课堂教学模式的研究，可以更好地把握教学关系，促进教学活动优化。思想政治教育在全面认识教育对象，提高教育效果的方法论研究方面，可从教学模式的方法论研究中获得大量启发。常见的教学模式有以下几种。

（1）传递—接受式。传递—接受模式是以传授系统知识、培养基本技能为目标，强调教师的指导作用，注重教师的权威性。思想政治教育实践中的大量活动也应选择这种模式来进行，尤其马克思主义科学理论知识的传递教育活动，教育者在其中的指导作用和“把关人”的角色是必须发挥的。

（2）引导—发现式。引导—发现模式是指在教学活动中，以问题解决为中心，以教师的“引导”为手段，以学生的“发现”为目的，提高学生发现问题和解决问题的能力，充分体现学生在学习过程中的主体地位。思想政治教育也应注重引导受教育者主动关心自身思想政治素质和品德素质的提高，调动他们发现问题和思考问题的积极性，避免教育活动中出现教育者唱“独角戏”的现象，切实提高思想政治教育活动的实效性。

（3）示范—模仿式。示范—模仿模式是指教师有目的地把示范技能作为有效的刺激，进行讲解、示范，以引导学生进行参与性练习，从而使他们通过模仿有效地掌握知识技能。思想政治教育者也应在教育活动中通过示范来引导受教育者，例如，在开展网络思想政治教育活动时，思想政治教育者通过上网撰写“博客”，做引导舆论的“网评员”等活动，对受教育者进行示范，从而引导其选择正确的网络行为。

（4）情景—陶冶式。情景—陶冶模式是指在教学活动中创设情感和认知相结合的教学情景，运用学生无意识的心理活动和情感，加强有意识的理性学习，让学生在轻松愉快的教学气氛中有效地获得知识、陶冶情操。思想政治教育也应有效运用情景再现、寓教于乐等方法，使教育活动达到“润物细无声”的效果。

3.借鉴教育学论述德育原则的理论

以一般的学校教育作为研究对象的教育学，非常注重对学校德育活动的研究。德育是教育者按照一定社会或阶级的要求，有目的、有计划、有系统地对受教育者施加思想、政治和道德等方面的影响，并通过受教育者积极的认识、体验与践行，使其形成一定社会与阶级所需要的品德和自我修养能力的教育活动。教育学关于德育原则的研究，对思想政治教育活动的开展有直接启示。

（1）因材施教原则。因材施教原则指德育要从学生的思想认识和品德发展的实际出发，根据他们的年龄特征和个性差异进行有针对性的教育，使每个学生的品德都能得到适宜的发展。思想政治教育同样需要对教育对象的不同特点进行全面准确地把握，充分认识到教育对象有类型、层次的差异，使教育活动做到有的放矢。

（2）理论和实践相结合原则。理论和实践相结合原则指德育要把思想政治观念和道德规范的教育与参加社会生活的实际锻炼结合起来，把提高学生的思想认识与培养道德行为习惯结合起来，使他们言行一致。在思想政治教育活动开展过程中更是要注重理论和实践的结合，注重受教育者理论学习和自身生活实际的结合，培养受教育者的知行统一。

（3）教育影响的一致性和连贯性原则。教育影响的一致性和连贯性原则指德育应当有目的、有计划地把来自各方面对学生的教育影响加以组织、调节，使其互相配合、协调一致、前后连贯，以保障学生的品德能按教育目的的要求发展。思想政治教育同样重视教育影响的一致性和连贯性，强调各种环境的影响与教育者的影响，强调各种教育内容的影响，强调思想政治教育在时间上影响的一致性和连贯性。

4.借鉴教育学论述教学方法的理论

教学方法是教师和学生为了实现共同的教学目标，完成共同的教学任务，在教学过程中运用的方式与手段的总称。它既包括教师教授的方法，也包括在教师指导下学生的学习方法。教育学所论述的教学方法主要是中小学常用的，许多方法是行之有效的，非常值得思想政治教育学借鉴。

（1）讲授法。讲授法是教师通过口头叙述向学生描绘情境、叙述事实、解释概念、论证原理和阐明规律的教学方法。讲授法是教师使用最早的、应用最广的教学方法，其他教学方法的运用，都需要与讲授法结合进行。思想政治教育者应重视自身口头讲授教育技巧和能力的素质培养，以期获得良好的教育效果。

（2）参观法。参观法是根据教学目的和教学任务的要求，组织学生进行实地考察和观摩，使其通过对实际事物和现象的观察、研究获得新知识的方法。参观法是以自然、社会作为活教材，能打破课堂和教科书的束缚，使教学与实际生活、生产密切地联系起来，取得良好的教育效果。思想政治教育要勤于研究教育对象的特点，发挥参观法的优势，进行革命传统教育、正反典型教育、改革开放成果展等参观活动，使得思想政治教育活动的形式更加生动，教育富有成效。

（3）讨论法。讨论法是学生在教师指导下，围绕某一种中心问题通过发表各自的意见和看法，共同研讨、相互启发、集思广益地进行学习的一种方法。思想政治教育也应借鉴讨论法“以他人为镜”的宗旨，来指导和丰富自身开展活动的形式，进行相关理论和现实的热点、难点、疑点问题的研讨，引导教育对象在集体教育和相互探讨中完成更有成效的自我教育。

（二）伦理学

伦理学是考察社会道德现象，揭示道德本质及其发展规律的科学。伦理学与思想政治教育学有区别，也有联系。伦理学是专门研究道德和道德教育的科学，而思想政治教育学不仅要研究人的品德素质培养，还要研究人的思想政治素质培养。但两门学科的联系也十分密切，马克思主义伦理学从思想品德这一侧面揭示了培养社会主义接班人的客观规律，而培养社会主义接班人正是思想政治教育的目的。思想政治教育的重要内容之一就是道德教育，马克思主义伦理学从道德规范、道德修养和教育等方面，为思想政治教育提供了理论和知识依据。马克思主义伦理学，为思想政治教育提供了诸多重要的教育内容、原则和方法。以下着重介绍伦理学关于个体道德完善途径和道德教育的过程方法理论，以及其对思想政治教育的启示。

1.借鉴伦理学关于道德人成长过程的论述

著名经济学家亚当·斯密认为，作为经济人，既有自私自利的一面，又有同情心的一面，人也是道德人。伦理学关于道德人成长过程的理论，对思想政治教育将教育对象培养为思想品德高尚的社会主义接班人有深刻启示。

（1）道德人的形成。道德人的形成经历了漫长的过程。人类个体最初的道德表现，或者说个体道德的萌芽，是与主体的自我认知水平相适应的。个体对道德追求的实现离不开个体内在的自觉性，然而，社会若能提供适宜的条件将更有利于个体的道德觉醒。个体的道德觉醒达到一定的程度，道德人就逐渐形成并进一步发展。思想政治教育学在研究教育对象道德意识觉醒和达到社会所要求的道德水平方面，应遵循道德人形成发展的基本原理。

（2）道德的自律与他律。道德人的成长过程是持续的，持续中又有质的飞跃和突破，要经过从他律向自律的转变。自律就是道德主体用内化了的道德原则，对自己的思想和行为方式进行自我约束和自我调节。自律是人真正践行道德标准的结果，自律的人就是道德的人，是一个有健全人格的人。在道德人成长过程中自律与他律的关系，启示思想政治教育应重视引导教育对象自觉提高自身思想政治素质和道德水平，进而真正实现教育目的。

2.借鉴伦理学关于道德教育的过程理论

道德教育过程指对人们进行有组织、有计划、有目的的道德教育，使人们在生活实践的基础上确立某种道德认识、道德情感、道德意志、道德信念和道德习惯的复杂过程，主要有提高道德认识、陶冶道德情感、锻炼道德意志、确立道德信念和养成道德习惯五个环节。将社会主义同共产主义道德原则和规范转化为个人内在品质的教育，是我国思想政治教育的主要内容之一。伦理学关于道德教育过程的理论，对思想政治教育过程理论的研究，大有助益。

（1）提高道德认识。人是理性的社会动物，人的行为是受自己特定的道德认识指导的。要使人们形成社会主义和共产主义的理想道德人格，首先必须使人们了解和把握社会主义和共产主义道德的原则、规范及义务，然后才能有明确的道德实践方向。

（2）陶冶道德情感。要培养一个人的道德人格和修为，必须以培养其良好的道德情感为基点。有了某种道德认识，并不一定会有相应的道德情感。人们只有在现实生活中通过对善与恶、美与丑、真与假的甄别，才能形成比较稳固的道德情感。

（3）锻炼道德意志。道德意志是道德人格形成的关键。如果没有坚强的道德意志，就不能在道德实践中克服困难，牺牲个人利益，战胜邪恶和私欲，把善良和正义发扬光大，也就无从形成理想的道德人格和品质。

（4）确立道德信念。使受教育者确立道德信念，这是道德教育的中心环节。这个环节是以其他三个环节为基础的，只有识深、情笃、意果，才能形成坚定的道德信念。有了坚定的道德信念，也就是有了精神支柱，人们的道德人格才能初步树立起来。

（5）养成道德习惯。道德教育的宗旨，一方面是使良善的道德情感转化为人们内在的道德信念，另一方面是使这种良善的道德信念通过具体的道德实践表现为外在的道德行为，并最终形成自我的道德习惯。养成道德习惯后，人们能够自觉遵守道德规范要求，行止有度，从心所欲而不逾矩。

3.借鉴伦理学关于道德教育的方法论述

道德教育的方法指在以教育者为主导、受教育者参与的道德教育活动中，为使受教育者形成良好的道德品质而施加教育影响的各种方式的总和。道德教育方法是灵活多样的，但其宗旨必须符合道德本身的特点和教育对象的实际情况。下面介绍几种常用而行之有效的道德教育方法，尤其是在围绕以理服人、以情动人、以志激人、以榜样感染人等道德教育的具体实施方法层面，思想政治教育可以借鉴并探讨出更多具有实效性的创新方法。

（1）道德规范的宣示。这种方法通过宣示道德规范，充分摆事实、讲道理，阐明为什么和应如何，达到以理服人。规范宣示的过程，主要是对受教育者晓之以理，释疑解惑，培养个人的道德认知能力。

（2）道德楷模的塑造。常言道：榜样的力量是无穷的。在道德教育中，树立优秀的道德楷模，对培养人们的道德品质有很强的感染力和巨大的说服力。道德教育者以身作则，模范地践行道德义务，给受教育者做出示范，也是一种榜样的力量。

（3）道德情感的陶冶。这种方法强调在道德教育中，教育者通过激发、调动人们积极的情感力量，抑制其消极情感，移情于理，以情易情，从而使得受教育者自觉主动地践行道德要求，遵守道德原则和规范。

（4）道德意志的砥砺。进行道德教育，既要以理服人，又要以情感人，更要以志激人。道德意志在人的道德品质的形成和发展中发挥着极为重要的作用，激发砥砺人的意志对于培养道德人格及其品质意义重大。

（三）心理学

心理学是研究认识、情感、意志等心理过程和能力、性格等心理特征的规律的科学。心理学在一般意义上研究了人的心理活动的本质和规律以及如何培养健康的心理问题，思想政治教育学应当借鉴吸收心理学所提供的一般理论和方法。在思想政治教育过程中，应注意把教育对象的心理障碍和政治、思想意识问题的区别和联系把握好，必须遵循教育对象的心理活动规律来开展教育活动。对心理学基础知识的借鉴，对于思想政治教育实践和理论研究意义重大。当然，思想政治教育对于心理学基础知识的借鉴也不能生搬硬套，比如，心理学中的心理咨询和治疗方法对于思想政治教育活动中谈心法的开展具有启发意义，但心理咨询往往只注重倾听，期待来访者的“自我觉醒和自我拯救”，不会给予其更多的教育和引导；而思想政治教育的谈心法则强调在充分倾听教育对象谈话，了解其思想症结的基础上，给予其正确的教育引导和切实的帮助。

1.借鉴心理学关于心理活动过程的理论

心理学研究的对象是人的心理现象，心理现象是心理活动过程和个性心理的统一体。心理活动过程指人的心理活动发生、发展的过程，它由认识过程、情感过程和意志过程所构成，心理活动过程体现着人类心理活动的共同规律和一般特征。心理学注重认知、情感和意志训练相结合形成完善的个性和品质，思想政治教育学强调的对教育对象进行思想品德素质培养的最基本的“晓之以理、动之以情、导之以行、持之以恒”的工作方法，正是建立在心理活动过程理论知识基础之上的。

（1）认识过程理论。认识过程是人对客观事物的不同程度、不同水平、不同层次、不同方面的认识过程，也是从感性认识到理性认识的发展过程，包括感觉、知觉、记忆、思维和想象等。

（2）情感过程理论。人们在认识事物的时候不可能无动于衷，也不会淡薄无情，总会随着认识活动地进行而形成各种态度，产生相应的喜、怒、哀、乐、爱、恶等情绪的情感体验，这种心理活动过程就是情感过程。

（3）意志过程理论。我们在与自然界相互作用的过程中，常常在认识的基础上，在情感的推动下，根据事物发生发展的规律性，自觉地确定目标、制订计划、调节行动、克服困难、实现目标，使客观事物向着符合我们需要的方向发展，这就是我们的意志过程。

2.借鉴心理学关于个性心理形成与发展的理论

心理过程是人所共同具有的，但这些过程具体表现在每个人身上却又存在差异，这些个体差异的表现称为个性心理，它是个体身上表现出的比较稳定的心理特征。“人心不同，各如其面”，充分说明了人的个性心理差异普遍存在。教育实践证明，深入研究并把握个性心理及其形成发展规律，对于因材施教，开发人的潜能具有重大意义。个性心理的形成和发展是多因素交互影响的结果，是在遗传素质的基础上，在一定环境和教育条件的影响下，经过个体积极主动的社会实践活动而被塑造出来的。思想政治教育应充分重视心理学关于人的个性心理形成发展理论，了解影响教育对象个性心理的各种因素，使教育活动能产生较强的针对性和实效性。其中，遗传素质是个性心理形成和发展的物质基础；社会生活条件是个性心理形成和发展的决定性因素；教育在个性心理形成和发展中起主导作用；个体的社会实践活动和主观能动性，是个性心理形成和发展的内因。

3.借鉴心理学研究的基本方法

心理学是介于自然科学和社会科学之间的一门实证性很强的学科，除了一般自然科学共同使用的客观实验法外，还有结合人的心理特点的观察法、测验法和个案分析法等。心理学关于个人心理现象及其变化规律的研究方法，给予思想政治教育有益的方法补充，这对于发展和完善思想政治教育的方法体系具有重大意义。

（1）观察法。观察法是有目的、有计划地观察被试者在一定条件下的言行变化，并做出详尽记录，然后进行分析处理，从而判断其心理活动的方法。此研究方法最大的优点是被试者表现自然，有助于研究者把握其真实的意图和感受。

（2）测验法。测验法是通过标准化测验来研究个体心理或行为差异的一种方法。此方法最大的优点是标准化测验编制严谨、效果可靠、量化程度高，结果处理方便，有常模可供参照，简便易行。

（3）个案分析法。个案分析法是对单个研究对象的某个方面或某些方面进行广泛深入研究的方法。此方法最大的优点是便于对研究对象进行全面深入的了解，而且结合其他方法，可以考察人的行为发展过程。

（四）政治学

政治学是研究国家学说、政治学说、政治制度和政治思想史的科学。马克思主义政治学科学地揭示了国家的产生、发展和消亡的必然过程，阐明了国家的历史作用，论证了无产阶级革命和专政等问题。政治学与思想政治教育学有区别，政治学的研究对象主要是国家学说、政治关系和政治生活准则的产生和发展规律，而思想政治教育学是研究通过一定的教育途径和手段，将这些学说和规律内化为受教育者的思想品德；政治学主要研究人的政治社会化，而思想政治教育学则重点聚焦于人的各种思想品德修养和教育。同时，政治学与思想政治教育学有密切的联系。政治学为思想政治教育学提供政治教育的理论引导，其研究内容和成果是确定思想政治教育任务和内容的重要依据。思想政治教育学必须将政治学作为自己的理论借鉴来源，从中汲取政治理论知识营养。

1.借鉴政治学关于国家与政党的学说

国家和政党学说是政治学的主要内容，马克思主义的国家学说和政党理论是确定思想政治教育任务和内容的重要依据。

（1）国家的起源、本质、职能与消亡。马克思主义创始人全面地考察了国家的起源，深刻地揭示了国家的本质。国家是一个历史范畴，是经济发展到一定阶段，即阶级产生后才出现的。国家具有对内职能和对外职能：国家的对内职能有政治职能、经济职能和社会职能；国家的对外职能有保卫国土不受侵犯的职能，同时也有进行国际交往、参与国际政治经济事务的职能。马克思主义认为国家不是永恒的，随着阶级的消亡，国家也会不可避免地随之消失。国家消亡的经济基础是生产力高度发达，社会物质生活极为丰富，即达到共产主义社会。国家的消亡是一个漫长的历史过程。

（2）政党的概念和分类。政党是代表一定阶级、阶层或集团的根本利益，由其中一部分最积极的分子组成，有共同的政治主张，采取共同的行动，为夺取和巩固政权而联合起来的有组织、有纪律的政治组织。根据不同的标准，可将政党做不同的分类，常见的分类方式有以下四种：根据政党的阶级性和阶级基础分为无产阶级政党和资产阶级政党；以政党是否掌握政权为标准，可分为执政党、反对党、在野党、参政党；以政党的法律地位为标准，分为合法政党和非法政党；根据政党的活动范围，分为国内政党和跨国政党联盟。

2.借鉴政治学关于政治文化的理论

思想政治教育要培养受教育者形成社会所要求的思想政治素质，成为国家和统治阶级所需要的合格人才，这方面的教育方向和内容，就来源于政治文化理论的研究成果。而人的政治社会化是思想政治教育需要解决的主要问题，它充分体现了思想政治教育学的科学性和阶级性，为政治学关于政治社会化的研究成果提供了直接的知识来源。

（1）政治文化的含义和结构。政治文化是一个国家中的阶级、团体和个人，在长期的社会历史文化传统的影响下形成的某种特定的政治价值观念、政治心理和政治思想。政治文化的层次结构包括主流政治文化和非主流政治文化。政治文化的内在结构表现为：政治心理是基础，政治价值观（或称政治意识形态）是落脚点，政治思想是核心。

（2）政治社会化。从广义上讲，政治社会化是指一个社会中的政治文化通过某种方式得以传播、普及和延续的过程。从狭义上讲，政治社会化就是社会成员在政治实践活动中逐步获取政治知识和能力，形成政治意识和政治立场的过程。社会成员政治社会化的途径主要包括家庭、学校、大众传媒、社会共同体、政府、同辈群体、特定的政治符号、社区和工作场所等。

3.借鉴政治学关于政治生活内容的理论

人是在具体的政治生活中来提高思想政治素质的，有关政治生活内容的理论，有助于思想政治教育学全面而深入地研究受教育者所处的政治生活环境，确定思想政治教育的内容，实现思想政治教育的目标。

（1）政治秩序和治理。政治秩序指社会中人们依据基本的政治共识、政治与法律制度展开政治实践的一种状态。政治秩序在行动上体现为政治治理。政治治理既包括传统意义的维护政治秩序的统治行为，也包括实现经济社会发展目标的社会管理行为。

（2）政治参与和监督。政治参与指公民通过一定的方式，去直接或间接地影响政府的组成、运行和决策，或参与与政府活动相关的公共政治生活的政治行为，是公民自下而上的政治行为。监督分为政治监督和社会监督。政治监督指在政治管理过程中，为保证社会公共权力机关在所担负的职权的正当范围内和轨道上运行，而对其进行监视、检查、控制和纠偏的各种活动，其本质是以权力制约权力，其目的在于抵御权力的腐蚀性。社会监督指以国家机关以外的社会组织或公民为主体进行的监督。这种监督的主体范围十分广泛，民主性比较突出，虽然不具有法律效力，但发挥着非常重要的作用。

（五）社会学

社会学是研究社会和社会问题的一门科学。社会学研究的领域很广泛，它把社会当作一个整体，研究各种社会现象之间的关系及其发展变化的规律。社会学与思想政治教育学的研究对象不同，但两者关系密切。人的思想形成和变化，总是要受到社会存在着的诸多因素的影响和制约。社会学的研究课题大部分与思想政治教育有关，有的社会问题本身就是思想政治教育要研究的课题。社会学的研究成果可以为思想政治教育提供巨大的借鉴和帮助，思想政治教育学必须充分借鉴社会学的知识，丰富和发展自己的理论。

1.借鉴社会学关于人的社会化理论

社会学所研究的人的社会化问题，与思想政治教育在本质上具有一致性。思想政治教育所要解决的主要任务，就是实现人的思想政治观念和行为的社会化。思想政治教育还是社会化的一个重要手段，思想政治教育帮助人们树立远大的理想和培养高尚的道德品质，明确自己的社会职责和行为规范，在此意义上说，思想政治教育的过程也是人的社会化过程，思想政治教育可以帮助人完成全面的社会化。

（1）社会化的定义和途径。社会化指个人从生物人发展成为社会人，不断认识社会、适应社会，从而形成、发展和完善自己人格并积极作用于社会的过程。社会化的基本途径是社会教化和个体内化。社会教化，即广义的教育，这是社会通过一定的载体及其执行者对个体进行的有目的的教育和转化过程。个体内化，指个体将社会教化的内容转化为自身的行为模式、人格特征、思维方式的过程。

（2）社会化与个性发展。所谓个性的发展，指个人特有的生理素质、心理素质、思维方式和行为方式等的充分自由发展。马克思主义认为，个性的充分自由发展在人的全面发展中占有重要地位，人的发展在一定意义上就是“有个性的个人”的发展。在人的个性的形成过程中，生理、心理因素都以社会因素为中介发挥作用，人的个性是个人社会化的产物，是随着个人社会化的进程而逐步形成和发展的，可以通过社会化来塑造一个人的个性。社会化就是人的个性与自我形成及发展的过程。人的个性发展是通过个人与社会的相互作用而实现的，个性发展包括自我意识的发展和道德意识的发展。

2.借鉴社会学研究社会问题的理论

社会问题是一种普遍存在的社会现象，是社会学研究的一个基本问题，在某种意义上，社会学就是从研究社会问题中成长、发展起来的。社会学所研究的社会文化问题、社会交往问题、青年问题、人口问题、就业问题、家庭问题等，都与思想政治教育有关，很多问题甚至就是思想政治教育要重点研究的课题，社会学对社会问题的研究为思想政治教育活动的开展提供了丰富的借鉴，也为思想政治教育学的研究提供了大量理论知识和现实资料。

（1）社会问题的定义和根源。社会问题指社会发展的正常秩序、社会全体成员或部分成员的正常生活受到影响，从而引起人们的广泛关注，需要动员社会和体制的力量加以解决的社会现象。社会问题的来源是复杂的，一般来说可以从这两个方面来认识：一是因自然环境变迁引起的社会问题；二是因社会环境因素引起的社会问题。

（2）当代典型的社会问题。社会问题在各时代反映的内容各不相同，在当代，最突出的社会问题是人口问题、生态环境问题、劳动就业问题和老龄问题。人口问题是全球最主要的社会问题之一，是当代许多社会问题的核心。

3.借鉴社会学的研究方法

社会学的研究方法是社会学知识体系中最为重要的要素之一，同时，社会学也是相对于其他社会科学来说最具特色和优势的学科领域。社会学有一套比较成熟的研究和分析方法，如抽样调查法、统计推论法等，这些方法可以给思想政治教育学的研究方法提供丰富的借鉴，对于加强思想政治教育的定量分析，实现定性分析与定量分析相结合，促进思想政治教育科学化有着重要的意义。

（1）抽样调查法。抽样调查法是按照科学的原理和计算从所要研究的现象的全部个体单位中，按随机原则抽取部分个体单位进行调查，取得资料，并用于推算总体数量特征的方法。随机抽样的组织形式根据调查目的的不同和调查对象的特点、数量等，可分为简单随机抽样、分层抽样、系统抽样、多阶段抽样等。

（2）问卷法。问卷法是调查者根据研究的问题研究的方案，通过设计一套以问答为主要形式的测试问卷，来收集资料的方法。问卷的基本结构包括调查问卷的题目、调查与填表说明书、问卷的主题内容、实施情况记录等。问卷类型有开放式和封闭式两种。

（3）访谈法。访谈法是调查者通过与被调查者面对面问答的形式来搜集研究资料的方法。访谈法的类型有个别访谈和集体访谈、一般访谈和深度访谈、作为搜集资料主要手段和辅助手段的访谈。访谈之前必须做好充分的准备，设计调查方案，拟定调查提纲等。

（4）文献法。社会调查中的文献指与社会调查研究对象有关的一切书面文字材料。文献法是从搜集的资料中进行提炼、选择、提取、整理分析的方法。文献定性研究的一般步骤是文献摘录、分析文献资料、研究主题关系，进而说明主题。

（5）统计推论法。统计推论法是调查者利用样本的统计值，对总体及与之对应的各种参数值进行估计，从而获得分析数据和资料的方法。

第三章　思想政治教育的本质和功能

在建设具有中国特色社会主义伟大事业中，思想政治教育具有特殊的本质和重要的地位，发挥着巨大的作用。我们必须从社会主义现代化建设战略全局的高度，科学认识思想政治教育的本质，正确把握思想政治教育的地位，充分发挥思想政治教育的功能。只有这样，才能更好地加强和改进思想政治教育，充分发挥它在社会主义现代化建设中的作用。

第一节　思想政治教育的本质

一、意识形态的灌输与教化

马克思主义认为，事物的本质即事物的根本性质，是事物本身所固有的、决定事物性质、面貌和发展的根本属性。思想政治教育的本质即根本属性是什么，是目前学术界探讨的热点问题。我们认为，思想政治教育的本质是意识形态的灌输与教化。

思想政治教育与社会主导意识形态有着紧密联系，是向社会成员传导和灌输主导意识形态的重要途径。社会意识形态是系统地、自觉地反映社会经济形态和政治制度的思想体系，是社会意识诸形式中构成思想上层建筑的部分，表现在政治、法律、道德、哲学、艺术、宗教等形式中。在阶级社会中，意识形态具有明显的阶级性，其中，统治阶级的意识形态在社会中占据主导地位。统治阶级为了维护自己的统治，往往通过各种形式向社会成员灌输本阶级的意识形态，而思想政治教育就是其中最主要的形式。可以说，思想政治教育这一人类社会的实践活动，从一产生就开始把进行意识形态教育作为自己的主要任务。社会主导意识形态的灌输与教化，是思想政治教育的本质。思想政治教育指教育者把一定社会的思想观念、价值观点、道德规范，转化为受教育者个体的思想品德的社会实践活动。一般来说，一定社会对人们思想品德的要求与人们实际的思想道德状况是存在差距和矛盾的，解决这一矛盾是思想政治教育的主要任务。要完成这一任务，就必须向人们进行社会主导意识形态的灌输与教化，使人们的思想品德向社会主导意识形态要求的方向发展。在某种意义上讲，思想政治教育过程，就是教育者实施社会主导意识形态的灌输，受教育者接受这种灌输并将社会主导意识形态内化的过程。可见，思想政治教育具有鲜明的意识形态性，这种意识形态性集中体现为其主要任务就是对社会成员进行社会主导意识形态的灌输与教化。

马克思主义经典作家对意识形态的灌输与教化有过精辟论述，形成了马克思主义的灌输理论。在《哥达纲领批判》一书中，马克思揭露拉萨尔主义企图用陈词滥调和空洞的废话，来歪曲那些花费了很大力量才灌输给党而现在已在党内扎了根的现实主义观点。在这里，马克思明确地肯定把科学社会主义意识灌输到无产阶级中去是党的重要任务。马克思、恩格斯不仅创立了科学社会主义学说，还非常注重并亲自参与对无产阶级和劳动群众进行科学社会主义理论灌输的实践活动。列宁在领导俄国社会主义革命的过程中，系统地阐述了社会主义意识只能从外部灌输到工人群众中去的原理，明确指出：工人本来也不可能有社会民主主义的意识。这种意识只能从外面灌输进去，各国的历史都证明，工人阶级单靠自己本身的力量，只能形成工联主义的意识。列宁还强调，马克思主义理论的灌输是摆脱资产阶级思想影响的基本前提，对社会主义思想体系的任何轻视和任何脱离，都意味着资产阶级思想体系的加强。因而，列宁明确要求社会民主党人坚持向工人阶级和广大人民群众灌输社会主义思想。中国共产党在长期的革命和实践中，坚持对人民群众进行马克思主义理论教育，积累了许多宝贵经验，丰富和发展了马克思主义的灌输理论。

强调思想政治教育的意识形态的灌输与教化本质的同时，并不否认思想政治教育也包含部分非意识形态内容的教育。社会意识是指社会的精神生活过程，包括政治、法律、道德、哲学、艺术、宗教等形式和各种社会心理。意识形态则是社会意识中构成社会上层建筑的那部分内容，所反映的是特定阶级或社会集团的意志，是一种特殊的社会意识，具有鲜明的阶级性。可见，意识形态和社会意识是既有紧密联系又有明显区别的两个概念。思想政治教育要全面提高人的思想道德素质，其内容以意识形态为主，又包括一些非意识形态的思想道德内容。例如，在各阶级社会以至社会主义社会，都有切勿偷盗、尊老爱幼等道德要求，这些要求主要体现了非意识形态性、非阶级性。当然，这些非意识形态性的内容在思想政治教育中处于从属地位，这是由思想政治教育的本质决定的。我们认为，在思想政治教育中，在坚持社会主义意识形态主导地位的前提下，注重非意识形态性内容的教育，既有利于满足人们精神生活全面发展的个性化和普遍性需求，又有利于推动不同意识形态性质的国家和地区的思想政治教育的交流与合作，可以从更广泛的意义上为推进人的社会化和人的全面发展服务。

二、通过提高人的思想道德素质为社会全面发展进步服务

思想政治教育的意识形态灌输与教化的本质，决定了思想政治教育必须为社会的全面发展进步服务；而思想政治教育为社会全面发展进步服务，是通过提高社会成员的思想

道德素质实现的。提高人的思想政治素质、促进人的全面发展，是思想政治教育本质的体现，是所有思想政治教育活动的共同目的。

（1）思想政治教育源于人类生存与发展的客观需要。马克思主义认为，需要是人类社会生活的动因和根由，人类历史的逻辑起点是人的需要。而任何需要都只有通过实践才能得到满足，任何实践都是为了满足一定需要的实践；需要是实践的驱动力，实践是满足需要的唯一途径。正是在需要的推动下，人类通过生产实践改造自然，开创了自己的文明史，创造了丰富的物质和精神财富。社会是由人构成的，社会成员在生产实践过程中必然会形成一定的社会关系。马克思主义指出：人们在生产中不仅仅影响自然界，也互相影响。他们只有以一定的方式共同活动和互相交换其活动，才能进行生产。为了进行生产，人们相互之间便发生了一定的联系和关系；只有在这些社会联系和社会关系的范围内，才会有他们对自然界的影响，才会有生产。一般来说，人们改造世界的实践行为，是人们现实地处理人与自然、人与人关系的一种客观物质活动。在改造世界的实践活动中，必然会出现主客体矛盾和其他矛盾，人的思想问题和认识问题也难以避免。如果不能有效地解决这些矛盾和问题，人类改造世界的活动就会受到干扰，而思想政治教育在解决这些矛盾和问题的过程中具有不可取代的重要作用。如果思想政治教育者深入人们所从事的实践活动中去熟悉其实践活动的环境、工具、对象、过程和结果，就可以较为深入地了解和把握这些矛盾和问题，进而帮助人们较好地解决这些矛盾和问题，促使人们更有效地从事改造世界的活动，更好地满足自己生存和发展的需要。

人为了生存与发展，还必须进行“人自身的生产”。每日都在重新生产自己生命的人们开始生产另外一些人，即繁衍。人类繁衍出的下一代人所需要的适应社会生存、发展的经验、知识、技能和社会规范并不是与生俱来的，而是后天学习的结果。人类在改造世界的过程中，创造了巨大的物质财富和精神财富——文化。文化的本质在于传播，而思想政治教育正是人类文化传播的重要途径。思想政治教育活动影响着每一个社会个体，将社会文化尤其是其核心价值观及社会规范传递、落实到每个社会成员身上。如果缺乏这一社会化过程，年青一代将难以适应社会生活，人们世代积累起来的经验、知识、技能、社会规范等精神财富就可能因此中断，社会的发展就会止步不前。由此可见，思想政治教育是一种特殊的社会文化传承的活动。

（2）思想政治教育具有提高人的思想道德素质、促进人的全面发展的特殊功用。人的生存和发展需要思想政治教育，思想政治教育是满足人的生存和发展需要的重要方式。这种需要和满足的关系，体现出思想政治教育的特殊价值，即思想政治教育对人的思想道德素质的促进，以及在此基础上对人的全面发展的促进。促进人的全面发展是思想政治教育的终极目标，思想政治教育正是通过提高人的思想道德素质、促进人的全面发展而作用于社会生活的。人具有丰富的精神生活需要，满足这一需要对人的发展具有极其重要的意义。思想政治教育通过丰富多彩的活动，有助于满足人们精神生活的需要，丰富人们的精神生活，从而提高人们的思想道德素质，帮助人们树立正确的世界观、人生观、价值观，以昂扬向上的精神状态投入中国特色社会主义建设事业中。此外，思想政治教育还通过多方面的活动，为提高人的智能素质提供强大的精神动力，提高人的身心素质和审美素质，促进人的个性发展，所有这些最终都指向人的全面发展。可见，思想政治教育在提高人的思想道德素质、促进人的全面发展方面具有独特的功能，是其他任何社会活动无法取代的。

（3）思想政治教育是协调人的全面发展和社会全面发展进步的重要手段。思想政治教育的根本依据与最终动力，存在于人的发展与社会发展的矛盾之中。思想政治教育立足于人的发展，就是通过把人的思想道德素质提高到社会发展所要求的水平上来解决所面临的基本矛盾，并以此促进社会的全面进步。一般而言，人的发展与社会发展是辩证统一的，具体表现在：第一，人的发展与社会发展互为前提和基础。人的发展是社会发展的前提，社会是由人构成的，离开了人的发展，就谈不上社会发展。人越全面发展，社会的物质文化财富就会创造得越多，人民的生活就越能得到改善。社会发展为人的发展提供条件和手段。物质文化条件越充分，越能推进人的全面发展。第二，人的发展和社会发展相互促进、共同发展。在思想政治教育过程中，既要考虑个人的发展，又要适应社会发展的要求，并将二者有机地结合起来。当然，人的发展与社会发展也存在着矛盾，思想政治教育就是解决这一矛盾，实现二者相互转化、共同发展的重要方式，是协调人的发展与社会发展的重要力量。通过深入细致的思想政治教育，能够有效地促使受教育者将社会发展的要求内化为自身的思想道德素质，将人的思想道德素质提高到社会发展所要求的水平上，使人成为社会生活的主体，从而实现人的发展和社会发展的相互促进和相互转化。

总之，提高人的思想道德素质、促进人的全面发展，是思想政治教育的立足点，是思想政治教育价值的根本所在和本质体现。

第二节　思想政治教育的功能

一、思想政治教育功能的特点

关于思想政治教育的功能，可从不同角度进行分析。总的来说，思想政治教育功能可分为个体性功能和社会性功能。所谓个体性功能，指思想政治教育对教育对象个体所能产生的客观影响，表现为个体生存功能、个体发展功能和个体享用功能。个体性功能是思想政治教育目的的直接表现，可以看作思想政治教育的本体功能。社会性功能指思想政治教育对社会发展所能发挥的客观作用，具体地说，指思想政治教育对社会政治、经济、文化等发生的作用，表现为政治功能、经济功能、文化功能等。

思想政治教育的特殊性，决定其功能具有以下明显特点。

（1）客观性。思想政治教育是人类重要的社会活动，自人类进入阶级社会以来，思想政治教育便是一种客观存在，并随着人类社会的发展而发展，在社会生活中表现出特有的功能。思想政治教育活动的客观性决定了思想政治教育功能的客观性。思想政治教育之所以长期存在并将继续存在和发展，就是因为它对人的全面发展和社会发展进步有着不可忽视的重要功能；这种功能客观存在，人们只能影响这种功能发挥的水平和程度，而不能无视它或人为地消灭它。思想政治教育功能的发挥还受一定的物质设施和环境因素等客观条件的制约，这也是思想政治教育功能客观性的一种表现。

（2）多面性。思想政治教育功能不是单一的，它既对社会成员产生影响，也对社会生活的各方面发生作用，因而既表现为个体性功能，也表现为社会性功能。这些不同层次的功能既相互联系又有所区别，在进行思想政治教育时，要注意使其相互补益、相互加强，从而使思想政治教育更好地促进人的发展和社会进步。

（3）发展性。思想政治教育的功能不是静止不变的，随着社会生活的变化，随着思想政治教育的发展，其功能会不断发生变化。一方面，思想政治教育的某些功能会得到强化，如在社会主义市场经济建设进程中，思想政治教育的经济功能得到强化，在建设社会主义和谐社会过程中，思想政治教育对人的全面发展的作用、对协调人际关系的作用得到加强等；另一方面，还可能出现新的功能，例如，在强调可持续发展的今天，思想政治教育的生态功能得到凸显。发展性是思想政治教育功能的重要特点，也是思想政治教育保持旺盛生命力的原因之所在。明确思想政治教育功能的上述特点，无疑有助于教育者更自觉地从事思想政治教育工作，也有助于更好地全面发挥思想政治教育的积极作用。

二、思想政治教育的个体性功能

（一）思想政治教育的个体生存功能

思想政治教育的个体生存功能指思想政治教育在引导人类个体遵循客观规律，服从生存法则，以便求得更好的生存状态的过程中所发挥的作用。马克思主义认为，人的生命活动不同于动物的本能活动，人是能动的社会存在物，实践是人类不同于动物的社会生命的特殊运动形式，是人类的存在方式。正是在实践活动过程中，人才成为一种自我创造的主体性存在。一般来说，每个人既生活在物质世界中，也生活在精神世界中。人为了生存，必须满足基本的生理需要，在此基础上，才能去追求更高层次的心理需要和精神需要的满足。这就是说，人的基本需要是人的高层次需要如自尊、求知求美、自我实现等需要的基础，没有健康的生命，崇高的道德精神就缺乏现实的物质前提，对德性的追求离不开个体生命物质需要的满足。可见，物质需要的满足，既是人生存的基本要求，也是人全面发展的基础。马克思、恩格斯指出，我们首先应当确定一切人类生存的第一个前提，也就是一切历史的第一个前提，这个前提是人们为了能够"创造历史"，必须能够生活。但是为了生活，首先就需要吃喝住穿以及其他一些东西。因此，第一个历史活动就是生产满足这些需要的资料，即生产物质生活本身。就个体而言，他自身的生存需要，决定了他对物质利益的追求。思想政治教育应尊重和理解人的这种追求，通过促进物质文明的发展，不断改善人的生活条件，提高人的生活质量，最大限度地满足人们日益增长的物质生活需要。

然而，马克思主义关于人的本质观告诉我们，人既具有自然属性，又具有社会属性，人的物质需要固然十分重要，但是精神需要也不可或缺，这是人的社会性特征的重要表现。人的社会属性决定人是一种超越性存在，人就是在这种超越中不断从动物性存在提升到人性存在，不断提高自己的生存质量，不断提升人性发展的层次和境界。因而人的意义世界绝不限于自己"活着"，人所追求的应是比"活着"更有意义的意义，并用这样的意义世界去引导和规约他的物质世界。因此，思想政治教育不能仅仅停留在对人的物质需要追求的尊重上，而应引导人们实现从功利、物欲到精神境界的升华，努力提升人的精神品质。

人的物质需要满足的方式，不是自发形成的，而是在思想政治教育等多种因素的影响下逐渐形成的，意义世界的建构，更离不开思想政治教育的作用。而真正的思想政治教育应是一种既教人以生存手段和技能，使人能很好地把握物质世界，又教人以生存的意义和价值，使人能自主建构自己的意义世界、精神世界的活动。思想政治教育应是这两方面活动的协调与统一。如果只重前者而放弃后者，那么由人的知识和能力所创造的物的世界，就可能因为缺乏正确的引导和规约而给人们带来灾难和困惑，造成人类的生存危机。因此，建构人的意义世界是人类生存的内在要求，对于人的生存和发展具有十分重要的意义。思想政治教育在人的意义世界的建构中承担着重要的职责，发挥着重要的作用。

（1）思想政治教育有助于人的物质生活的顺利进行。思想政治教育的基本任务是帮助人们形成正确的世界观、人生观、价值观，理解和掌握道德原则和行为规范等，这些观念、原则、规范看起来是约束个体的异己的力量，但正是这些异己的东西才使个体在社会性的生活中生存，也正是这些东西赋予个体以力量，使其在社会生活中充分发挥其作用。

（2）思想政治教育是人的精神生活的一种方式。在人的精神生活中，思想政治教育是一种重要的沟通方式。这种沟通方式强调人与自然、人与社会、人与自我之间的交流和对话，强调从人的内部精神生活角度来适应和认同客观外部世界。在社会生活中，人们往往追求社会和个人的功利性需要，而人特有的反思性品质会使自己不断地反思自己的生命与精神世界的内在联系，并努力建立这种联系。如果一个人已经建立了这种联系并在反思的过程中不断调整这种联系，那么，他便能在情感和理性的平衡中寻找到生存和发展的意义。思想政治教育正是促进人的这种反思的重要力量，也是这种反思的重要方式。

（二）思想政治教育的个体发展功能

思想政治教育的个体发展功能指思想政治教育对塑造人的品德、促进人的发展所起的作用，主要体现在以下几方面。

（1）引导政治方向。思想政治教育运用启发、动员、教育等方式，将受教育者的思想和行为引导到符合社会发展要求的方向，即通过丰富多彩的活动及多种方式，提高受教育者的思想道德素质，促使受教育者保持坚定正确的政治方向。具体来说，对受教育者的引导可从以下方面进行：一是目标导向，即确定明确而具体的奋斗目标，引导教育对象向目标奋进；二是政策导向，主要是通过宣传党的路线、方针、政策来引导教育对象的思想，以提高其认识，规范其行为；三是舆论导向，即利用赞赏、激励、批评、监督等手段，营造良好的舆论氛围，以正确的舆论调节和规范教育对象的思想行为，对教育对象形成一种强大的约束力和导向力。

（2）约束规范行为。思想政治教育通过向人们传授法律、道德等社会规范，通过肯定、褒奖符合社会规范的行为，否定、批评背离社会规范的行为，能较好地实现对人的行为的约束和规范。约束规范人们行为的功能是思想政治教育的重要功能，如果思想政治教育仅仅停留在抽象的思想观念的教育上，而没有明确的规范要求，就很难把教育对象的思想和行为引导到正确的轨道上来，就有可能出现道德失范、行为越轨的情况。因此，思想政治教育要帮助受教育者形成正确的法制观、道德观，引导受教育者自觉遵循法律规范和道德规范，在社会规范允许的范围内从事创造性的活动。

（3）激发精神动力。思想政治教育的激励功能体现为运用多种激励手段，充分调动教育对象的积极性、主动性和创造性，促使其积极参与社会主义现代化建设。由于人的积极性与人的需要密切相关，需要越强烈积极性就越高，而人的需要又包括物质需要和精神需要，因此，激励可从总体上分为物质激励和精神激励两大类，它们对人的激励作用都是不可或缺的。忽视或否定物质利益原则，不注意发挥物质激励手段在调动人的积极性中的作用是错误的。马克思说过：人们奋斗所争取的一切，都同他们的利益有关。因而，思想政治教育要坚持物质利益原则，注意恰当地运用物质激励手段，引导受教育者理性地追求经济利益。但是仅仅依靠物质激励手段，信奉“金钱万能”，而忽视或否定精神力量的作用，也是极端错误的。因为，人的物质需要和精神需要是相辅相成的，物质决定精神，精神对物质具有反作用，精神激励是绝对不可缺少的。激发受教育者参与中国特色社会主义建设的积极性，既要靠合理的物质激励，又要靠有效的精神激励，也要靠思想政治教育。

在思想政治教育中，调动受教育者积极性的具体手段和方法是多种多样的。一是民主激励，即创造条件让教育对象确实行使主人翁权利，广泛参与重大问题的决策和管理，对领导者进行监督，以此调动教育对象的积极性。二是榜样激励，即通过先进典型示范，以激励教育对象提升思想品德水平，规范自己的行为。榜样教育会促进先进分子更上一层楼，也会触动后进分子，促使他们对照先进找差距，激励其上进。三是情感激励，即通过满足教育对象的情感需要来激发其积极性。情感需要是人们最基本的心理需要，注意教育对象情感的满足，关心、理解、尊重、信任教育对象，公正、公平、公开地处理涉及教育对象的各种问题，为教育对象多办实事，是激发教育对象积极性的有效手段。四是奖惩激励，即通过奖励或惩罚来激励教育对象。通过奖励手段，可强化教育对象的合理动机和正确行为，使之发扬光大；而通过惩罚手段，则可中止教育对象的不良行为，改变其行为方向，并使其不合理动机消退。在运用上述手段时，应根据不同对象的不同情况，或单独使用某种手段，或综合使用多种手段，以形成有效的激励机制，最大限度地调动受教育者的积极性。

（4）塑造个体人格。思想政治教育的重要功能就在于塑造社会成员个体健全的人格，使受教育者形成崇高的精神境界和健康的心理品质，成为合格的社会成员，积极主动地参与社会生活。而进行广泛深入的思想政治教育，可以更好地引导受教育者认识自己作为改造物质世界和创造社会历史的主人翁的主体地位，认识自己的历史使命和社会责任，从而提高受教育者的主体意识；可以更好地帮助教育对象树立远大的目标和崇高的理想，正确认识社会，认识人生，认识自己，提高其适应和改造客观环境的能力；可以更好地帮助受教育者摆脱传统文化中的依附性、保守性、被动性的束缚，时刻保持一种对生活的积极参与和主动创造的精神，自强不息，百折不挠，从而充分挖掘自身的潜能，实现自身人格的完善。由此可见，思想政治教育是人自我发展和自我完善的一种特殊精神力量，在个体人格塑造中发挥着重要的作用。

马克思主义关于人的全面发展的学说，不仅不排斥人的个性发展，还把人的个性发展置于十分重要的地位，并把它看作社会历史演进的重要尺度。人的全面发展必定是人的个性的全面发展，人的全面发展过程正是个体的个性形成发展过程。根据马克思主义人的全面发展学说，思想政治教育应当重视受教育者的个性发展，致力于塑造个体人格。为此，要坚持实事求是的原则，努力做到具体问题具体分析，因人而异，鼓励受教育者合理地选择适合自己发展的形式，通过各种健康的渠道实现自己的人生价值。思想政治教育不仅要注意尊重和保护受教育者的个性，而且要有意识地为其发展创造出一种既有纪律，又有自由；既有统一意志，又有个人心情舒畅、生动活泼的适合于个性发展的良好的氛围，有意识地引导受教育者摆正个性发展与群体发展、社会发展的关系，划清个性发展与资产阶级个人主义的界限，从而使人们在一个更广阔的背景上理解和把握个性发展的意义和价值，提高个性发展的自觉性和主动性，促使个性获得更好的发展。只有这样，思想政治教育对于个性发展的积极塑造、培养和引导作用才会更充分地表现出来。毫无疑问，思想政治教育是个性发展的极其重要的手段和途径，而生机勃勃、健康积极的个性发展，也应当成为衡量思想政治教育成效的重要标志。

（三）思想政治教育的个体享用功能

思想政治教育的个体享用功能，指思想政治教育能使每个个体实现其某种需要和愿望（主要是精神方面的），并从中体验到满足、快乐和幸福，从而获得精神上的享受。在建设和谐社会的进程中，正确认识思想政治教育的这一功能有着重要的现实意义。

思想政治教育的基本任务是提高受教育者的思想政治觉悟，发展和完善受教育者的道德品质。个体思想道德品质的发展和完善具有多方面的功能。从社会角度看，它可使个体与他人、个体与群体、个体与社会等各种关系都得到协调发展，从而构建和谐的人际关系环境，促进社会的稳定和发展，为新时代社会建设提供必要的条件。从个体角度看，它有助于个体各方面的发展，有助于个体精神需要得到更好的满足，从而保证个体的学习、工作、生活的顺利进行。可见，个体思想品德的发展和完善是社会发展的内在要求，是人的内在精神需要，而思想政治教育正是满足这种需要的基本途径。思想政治教育的个体享用功能是客观存在的。思想政治教育通过发展和完善人的思想道德品质，可从一个方面满足人的精神需要。而人的良好思想品德是一种把握现实世界的能力，它的特点是，从人的善恶观念，也就是从一种内在尺度上把握现实世界。人良好的思想品德对世界的把握，不仅表现在对善恶是非的认知上，更主要地表现为对自我、他人、社会等的致善上，即表现为道德价值世界的建构方面。人的致善活动，也就是主体良好思想品德的对象化、外化活动，有助于更好地构建一个更善的外部世界，从这个由他参与创造的外部世界中，人必然会获得某种满足和幸福。因为思想政治教育有助于教育对象逐渐形成高尚的人生意境，处于这种意境之中，教育对象就可以用一种审美的心态去鸟瞰人生，并从中获得审美愉悦。对个人来说，自己的道德行为，不仅会受到他人的承认和赞扬、社会的奖赏及鼓励，而且更重要的是，自己也会在自身的道德行为中获得幸福和满足，因为帮助有困难的人，自己会感到实现和彰显了自我的价值，精神充实、幸福快乐，甚至灵魂获得净化和提升。“送人玫瑰，手有余香”，这正是思想政治教育个体享用功能的重要体现。

马克思主义关于人的全面发展的学说告诉我们，人的精神活动能力的发展不仅包括创造精神产品能力的发展，而且包括人对社会已有的精神财富的享用能力的发展。马克思曾以音乐为例形象地说明，对象如何成为他的对象，这取决于对象的性质以及与之相适应的本质力量的性质，对于没有音乐感的耳朵说来，最美的音乐也毫无意义，不是对象。这就是说，一个人如果没有鉴赏音乐的能力，就无法欣赏、享用世界上一切美妙的乐曲。同样，一个人如果没有美好的道德心灵，他也就无从去体验人世间存在的一切善良和美好。

只有不断发展和完善每个个体的德性，才能使他们体认与享用世界上一切美好的事物，而这正是思想政治教育的重要任务，也是思想政治教育个体享用功能的体现。

三、思想政治教育的社会性功能

（一）思想政治教育的政治功能

思想政治教育的政治功能指思想政治教育通过培养具备良好思想政治素质的受教育者以推动政治发展的作用。思想政治教育的政治功能主要表现为以下几方面：

（1）传导主导意识形态，调节社会精神生产。马克思、恩格斯指出：统治阶级的思想在每一时代都是占统治地位的思想。统治阶级要使自己的思想成为占统治地位的思想，就必须加强对社会成员的思想政治教育，以使其思想在广大社会成员的思想中占主导地位，进而调节社会的精神生产。在我国，思想政治教育通过宣传马克思主义和社会主义核心价值体系，统一人们的思想，整合社会的精神生产要素，从而实现对精神生产的导向和调节；同时，还要揭露和批判与马克思主义意识形态相对立的思想，遏制和取缔不健康的精神生产和精神产品，从而使精神生产和精神产品直接为我国社会主义的经济基础和政治制度服务。这是思想政治教育政治功能的重要表现。

（2）传播主导政治意识，引导人们的政治行为。思想是行为的先导，人的政治行为总是受到一定思想观念支配的。思想政治教育通过传播我国社会主导的政治思想、法律规范和道德观念，有助于受教育者保持坚定正确的政治方向，提高政治判断力、鉴别力、选择力，以及政治参与意识，形成较高的政治素养，从而更好地参与政治生活。在建设中国特色社会主义过程中，思想政治教育应强化其政治功能，也就是要通过各种途径，系统地对教育对象进行主旋律教育，包括共产主义理想教育，社会主义、爱国主义、集体主义教育，以及社会主义法制观、道德观教育等。

（3）沟通社会信息，确保社会的有机联系，促进社会政治的稳定和发展。思想政治教育一方面要宣传马克思主义理论和社会主义先进文化以及党的路线、方针、政策，促使受教育者将马克思主义和先进文化内化，认同并贯彻执行党的路线、方针、政策；另一方面还要倾听受教育者的呼声，将受教育者的意见和建议反馈给有关部门，使之成为领导政治决策的依据。在纵向和横向的社会联系、社会交往中，思想政治教育扮演着重要的“沟通者”角色，对于加强党和人民之间的联系、协调人际关系、化解社会矛盾、促进社会的稳定和发展、增强民族凝聚力，起着不可或缺的重要作用。当然，思想政治教育对社会政治稳定的维护作用不是单独发生的，而是与社会的其他系统功能，如民主建设、法治建设结合在一起发生的，因而，思想政治教育应加强与相关社会系统的协调，形成合力，达到维护社会稳定、促进政治发展的目的。

（二）思想政治教育的经济功能

思想政治教育的经济功能指思想政治教育通过调动教育对象的积极性，使其主动参与经济活动以促进经济又好又快发展。概括地说，思想政治教育的经济功能主要表现为以下几方面：

（1）思想政治教育是经济建设坚持社会主义性质和方向的可靠保证。物质生产本身没有阶级性，但生产力总是同一定的生产关系相联系的，经济基础总是同一定的上层建筑相联系的，因而物质生产的发展也有方向问题。从人类文明发展史来看，任何一个社会的统治阶级，都必然要以本阶级的思想体系和政治理念来影响社会的物质生产，规定经济发展的方向。我国是社会主义国家，我国的现代化只能是社会主义现代化，思想政治教育的经济功能首先就表现为要确保我国现代化建设的社会主义方向。

（2）思想政治教育是推动社会生产力发展的精神动力。生产力是人们解决社会同自然矛盾的实际能力，是人类协调和改造自然，使其适应人类需要的客观物质力量。总的来说，构成生产力的基本要素包括物的要素和人的要素。物的要素主要指劳动对象和以生产工具为主干的劳动资料；人的要素则指具有一定知识、劳动技能和生产经验的劳动者，两者在物质生产过程中是结合在一起共同起作用的。物的因素虽然是生产力的基础因素，但它只有被人掌握，只有和劳动者紧密结合起来，才能形成现实的物质生产力，因此，人的因素是生产力中起主导作用的因素，是推动社会生产力发展的决定性因素。而人的因素又包括两个基本方面：一是人的科学文化素养和劳动技能，主要指劳动者对生产、技术等规律的认识和掌握程度以及劳动者的业务能力，即劳动者的智力因素，它直接作用于生产资料；二是人的思想道德素质和劳动积极性，主要指人的思想觉悟、劳动态度、事业心和责任感等，也就是人的非智力因素，它通过智力因素间接作用于生产资料。这两方面因素相互影响、相辅相成、密不可分。人的科学文化素养和劳动技能是生产力发展的必要条件，也是提高受教育者思想道德素质和劳动积极性的重要智力条件。而受教育者的思想道德素质和劳动积极性也是生产力发展的重要条件，是促进生产力发展和提高受教育者的科学文化素养、劳动技能的精神动力。如果劳动者思想道德素质不高，缺乏劳动积极性、主动性和责任感，即使他具有较高的科学文化素养和劳动技能，这些智力因素也难以得到充分发挥和运用，因而会对生产力发展构成制约。可见，人的思想道德素质在社会生产力发展中起着非常重要的作用。而思想政治教育就是提高劳动者思想道德素质的工作，就是调动受教育者工作和生产积极性、主动性的工作。思想政治教育深入细致且有效，就能更好地提高劳动者的思想道德素质，进而促进生产力发展。由此可得出结论，思想政治教育是促进生产力发展的精神动力。我国生产力发展实践表明，劳动者经由思想政治教育和社会实践具备了良好的思想道德素质和较高的工作积极性与主动性，就会积极主动地学习科学文化知识，自觉地提高劳动技能，努力改进生产工具、革新工艺、采用新技术，不断地变革劳动组织，创造性地进行生产管理，从而大大促进生产力的发展。可见，思想政治教育通过提高劳动者的素质，参与物质财富的创造活动，是物质文明建设不可缺少的重要因素。

（3）思想政治教育是营造经济建设发展所需的和谐社会环境的重要手段。物质资料的生产是人类社会生存的基础，人类历史就是物质生产发展的历史。而为了更好地进行物质生产，人们之间必然要建立某种联系或关系。正如马克思所说：为了进行生产，人们便发生一定的联系和关系；只有在这些社会联系和社会关系的范围内，才会有他们对自然界的关系，才会有生产。为了维系人们之间的这种联系和关系，并使之处于和谐状态，需要对人们之间的关系进行协调。而对这种关系的协调，除了依靠政治、法律等手段外，还需要依靠思想道德规范。通过广泛而有效的思想政治教育，化解矛盾、协调关系、理顺情绪，以保持人与人、人与社会之间正常的稳定的联系和关系，维护个人的心理平衡，为经济建设营造和谐的社会环境，促进经济建设更好更快地发展。

（三）思想政治教育的文化功能

思想政治教育的文化功能指思想政治教育对社会文化及其发展所发生的作用。从文化的运行过程来看，思想政治教育的文化功能包括文化传播功能、文化选择功能、文化创造功能等。

（1）思想政治教育的文化传播功能。思想政治教育是教育者用一定的思想观念、政治观点、道德规范对教育对象施加有目的、有计划、有组织的影响，使他们形成符合一定社会发展要求的思想品德的社会实践活动。所谓“思想观念、政治观点、道德规范”，都属于文化的范畴，是政治文化和伦理文化的组成部分。在某种意义上讲，思想政治教育就是政治文化、伦理文化的传播过程，目的是实现个体的政治、道德社会化。在这一过程中，同时存在着两种活动：一是社会通过思想政治教育等形式，传播思想政治信息和社会主导意识形态，促使受教育者接受社会主导文化的价值观，形成符合社会要求的行为模式；二是受教育者个体通过学习、模仿以及社会实践等形式获得思想道德知识，形成一定的政治观点、政治态度、政治信仰、政治情感及其制约下的政治行为。这两种活动在思想政治教育过程中相互联系、相互作用，辩证地统一在一起。可见，思想政治教育传播政治伦理文化的过程，不是那种“我说你听、我打你通”的单向灌注过程，而是一种同为信宿、同为信源的双向信息交流和情感互动过程。

需要指出的是，思想政治教育传播文化的过程，也是保存和活化社会文化的过程。如果没有思想政治教育的传播，政治文化、伦理文化就只能表现为储存形态的文化，即蕴藏于物品或文献中，而不能被人们掌握和运用，难以在实际政治生活和道德生活中发挥作用。只有通过思想政治教育，才能使储存形态的政治伦理文化转变为现实的政治伦理文化，使特定的政治伦理文化与人的观念、智慧、意志、情感建立起联系，使社会规范成为人们维持良好生活秩序的准则，使健康的审美情趣和民族风俗成为丰富人们生活的内容和方式，使政治文化在社会生产和社会生活中发挥作用。

（2）思想政治教育的文化选择功能。思想政治教育对文化的传播，并不是对现有文化的全盘照搬，而是一种文化选择过程，包含对文化的撷取与吸收、排斥与舍弃。通过这种选择，在历史、当代、未来间建立起发展的链条，在东方文化与西方文化间建立起交流的桥梁，并据此去发展文化，推动社会进步。思想政治教育的文化选择功能，是通过批判地吸收文化这一方式完成的，具体地说，就是根据一定社会的需要和思想政治教育目的，对传统文化与外域文化批判地借鉴吸收，有选择地加以传播，使其符合我国社会主义现代化发展的要求，符合我国先进文化发展的方向。要发挥思想政治教育的文化选择功能，首先，思想政治教育者必须树立正确的文化价值观，提高文化选择的自觉性；其次，要加强对中华民族传统文化的批判继承和创造性地转化，加强对西方文化的理性借鉴和批判改造，即要积极主动地对各种文化现象、文化因素进行科学分析、鉴别、筛选、利用；最后，要加强对受教育者文化选择的引导，注意提高其文化鉴别和选择能力，使其在文化交流和冲突中进行正确的文化选择。

（3）思想政治教育的文化创造功能。20世纪50年代以来，科学技术飞速发展，世界范围的文化交流日益加强，各民族文化的联系日益紧密，竞争也越来越激烈。要提高中华民族文化的竞争力，使民族文化与时俱进，保持强劲的发展势头，就必须培养一大批具有文化创新能力的人才，而这正是当代思想政治教育的重要责任。思想政治教育通过培养具有创造精神和创造能力的人才，有力地推动文化的创新。同时，思想政治教育在传播文化的过程中，不是充当机械的“传声筒”，而是在不断地对政治文化、伦理文化进行整合、创新，并以最恰当的方式向受教育者进行传递，这一过程实际上也是文化的创造过程。可见，思想政治教育的文化创造功能是客观存在的。在文化竞争日益激烈的今天，思想政治教育一定要高度重视创新型人才的培养，并创造性地传播政治文化和伦理文化，以充分发挥其文化创造功能。

将思想政治教育的功能分为个体性功能和社会性功能两个方面进行分析，在理论上是完全必要的。但在实际工作中，这两个方面的功能是紧密联系在一起的。个体性功能的实现不能脱离社会性功能，社会性功能也需要个体性功能作为其实现的中介。我们应注意使两者有机统一起来，从而最大限度地发挥思想政治教育的功能。

第四章　思想政治教育的目的和任务

第一节　思想政治教育的目的

一、思想政治教育目的的类型

思想政治教育目的指通过思想政治教育活动，在受教育者的思想和行为方面所期望达到的结果。换言之，思想政治教育目的是教育者依据社会发展的要求、受教育者精神世界发展的需求等，对受教育者思想品德方面的质量的一种期望和规定。思想政治教育目的是开展各项思想政治教育活动的依据和动力，体现思想政治教育的价值取向。

思想政治教育的目的不是单一的，而是集合的，是一个目的体系，可以根据一定标准从不同角度进行分解，将其分为不同的类别和层次。

（一）根本目的和具体目的

这是按目的在思想政治教育目的体系中的地位所作出的划分。

我国的思想政治教育以共产主义为方向，直接作用于人的思想品德，是培养人的思想道德素质的活动。思想政治教育的这一性质规定了我国思想政治教育的根本目的是提高人们的思想道德素质，促进人的自由全面发展，激励教育对象为建设中国特色社会主义、最终实现共产主义而奋斗。这一根本目的包含相互联系的两个方面：一是提高教育对象的思想道德素质；二是促进人的自由全面发展。

思想政治教育的根本目的是思想政治教育的最高目的、终极目的，它是原则性的，笼统的，只是指明了思想政治教育活动的方向。但这并不是说根本目的是虚设的、不起作用的。根本目的是思想政治教育的灵魂，是长久起作用的目标，是团结和动员思想政治教育者及受教育者共同奋斗的旗帜。没有这面旗帜，思想政治教育就会改变性质。因而这一根本目的对于思想政治教育具有极其重要的意义，它规定了思想政治教育的共产主义方向，思想政治教育的一切活动都要符合这个根本目的。

思想政治教育的根本目的可以被看作长远目标，它要经过人们长期的努力奋斗才能达到。在思想政治教育过程中，这一长远目标一般须经过多层次分解，成为一个个具体目标，指导思想政治教育的具体活动。通过一个个具体目标的实现，才能一步步向长远目标迈进。可见，具体目标是根本目标的具体化，其作用在于把思想政治教育任务落实到思想政治教育机构或教育者个人身上，故又可称为操作目标。思想政治教育活动的大部分内容都是由相关机构或教育者完成操作目标，因而具体目标对于思想政治教育来讲也是很重要的。

（二）个体目的和社会目的

这是按作用对象对思想政治教育目的所作出的划分。

思想政治教育的个体目的，指通过思想政治教育活动，在教育对象个体思想和行为方面所期望达到的结果，包括心理素质目的、思想素质目的、道德素质目的和政治素质目的等。心理素质目的是基础，思想素质目的是前提，道德素质目的是重点，政治素质目的是核心。思想政治教育的社会目的，指通过思想政治教育活动，在全体社会成员的思想和行为方面所要达到的预期效果。社会目的比个体目的层次更高，包含了政治目的、经济目的和文化目的。政治目的是实现经济目的的根本保证，决定着文化目的的性质和内容；经济目的是政治目的和文化目的的基础；文化目的受政治目的和经济目的的制约，但又是政治目的和经济目的实现的必要条件。思想政治教育社会目的对思想政治教育个体目的起主导和支配作用，决定个体目的的形成、发展和实现；而个体目的又是思想政治教育社会目的实现的基础。

（三）观念性目的和指标性目的

这是按抽象程度对思想政治教育目的所作出的划分。

思想政治教育的观念性目的以抽象概念的形式表现出来，集中反映了思想政治教育目的的社会价值、发展价值和整体需要，具有明确的指向性和激励性。思想政治教育的指标性目的是由一系列以指标形式表现出来的具体目的组成的，是思想政治教育的观念性目的的具体化，人们可借助这套指标对思想政治教育活动进行具体检测或比较。在思想政治教育目的体系中，这两类目的都是不可缺少的。没有思想政治教育的观念性目的，思想政治教育的指标性目的就会失去依据和方向；仅有思想政治教育的观念性目的而缺少思想政治教育的指标性目的，就难以对思想政治教育活动进行有效的评估。

二、思想政治教育目的的特征

（一）方向性和客观性的统一

思想政治教育目的的方向性特征是由目的的向量性所决定的。我们在确定思想政治教育目的时必须保证其方向的正确性。因为思想政治教育目的的方向正确与否直接关系到思想政治教育活动的性质和实际效果。具体来说，我国思想政治教育目的必须充分体现社会主义的性质和发展方向，必须为社会主义现代化建设事业服务，为实现党和国家的发展战略服务，为人的全面发展服务。同时，思想政治教育目的又必须以社会生活条件和教育对象的思想实际为前提和基础，这是思想政治教育目的客观性的突出表现。在确定思想政治教育目的时，必须将方向性和客观性有机地统一起来。

（二）一元性和多元性的统一

思想政治教育的根本目的是一元的，即提高全体社会成员的思想道德素质，促进人的全面发展，这是由我国社会主义制度和思想政治教育的性质所决定的。思想政治教育的具体目的则是多元的。这首先是由思想政治教育对象的层次性所决定的。在现实生活中，教育对象的情况千差万别，因而对不同教育对象，如工人、农民、公务员、教师、学生等进行思想政治教育时，具体目的理所当然地有所不同。即使是对同一类型教育对象进行思想政治教育，由于其个体具体情况不同，具体目的也应有差异。只有根据不同教育对象的实际情况确定思想政治教育的具体目的，才能使具体目的更贴近教育对象的思想实际，而不致空泛、不着边际。其次是由党在不同领域、不同部门的具体目标所决定的。这样，不同领域、不同部门乃至不同单位，其思想政治教育的具体目的就必然呈现一定的差异性。总之，由于教育对象的思想特点随着社会的变迁而变化，由于党在各个历史时期的具体奋斗目标不同，思想政治教育在不同历史时期就会有不同的具体目的。换言之，思想政治教育的具体目的随着社会历史条件的变化而变化，具有历史性。在社会生活发生变化以后，应该适时地提出新的具体目的，引导受教育者与时俱进，不断提高其思想道德素质。

综上所述，思想政治教育的根本目的，按层次与阶段可以分成无数个具体目的。一个个具体目的联结起来，形成目的链。众多的具体目的，按最近层次、第二层次、较高层次的次序一个一个地加以实现，从而逐渐实现思想政治教育的根本目的。可见，思想政治教育的根本目的和具体目的是一个相互联系、相辅相成的有机统一体。在实际工作中，必须将思想政治教育的根本目的和具体目的统一起来。

（三）超越性和可行性的统一

思想政治教育目的的超越性主要表现为如下两个方面：一是思想政治教育对社会生活应保持一定的超越性，思想政治教育目的的要求应高于教育对象的现实的思想品德水平。进行思想政治教育是要解决社会要求的思想品德规范与受教育者现有思想品德水平之间的矛盾，如果思想政治教育目的缺乏超越性，那就无法完成这一任务，思想政治教育也将失去其存在的意义。二是思想政治教育目的产生于思想政治教育活动之前，具有时间上的超前特性。

思想政治教育目的不仅应具有超越和超前的特点，还应具有可行性特征。也就是说，在确定思想政治教育目的时，应充分考虑社会发展及教育对象思想品德发展的实际。思想政治教育目的是对思想政治教育对象产生影响的预期，要实现这一预期，必须考虑到思想政治教育的客观条件，考虑到教育对象的接受状态。如果思想政治教育目的及其指导下的教育活动不能进入教育对象接受的阈限，思想政治教育目的就会被教育对象束之高阁，从而难以发挥其作用。

超越性和可行性是思想政治教育目的的既有区别又有紧密联系的两种特性。超越性建立在可行性的基础上，可行性则受到超越性的制约，两者是有机统一的。

三、确定思想政治教育目的的依据

思想政治教育目的不是人们主观随意确定的，而是社会存在和社会发展的反映。思想政治教育目的往往是多种因素综合作用的结果，而各个因素对思想政治教育目的形成的作用是不平衡的，这就要求我们抓住主要因素，恰当地确定思想政治教育目的。

（一）社会发展水平及其客观要求

思想政治教育要为社会的发展和进步服务，其目的就必须反映社会发展的客观要求，必然受到生产力与科技发展以及社会经济政治制度的制约。

生产力和科学技术发展状况是确定思想政治教育目的的基础。马克思主义认为，社会发展最终是由生产力推动的。生产力的发展不仅为教育对象的体力、智力以及思想道德素质的发展创造了条件，而且对教育对象各方面的发展提出了更高的要求。从这个意义上讲，思想政治教育目的最终为生产力发展水平所制约，随着生产力水平的提高和科学技术的迅猛发展，这种制约作用越来越明显。人类历史发展进程表明，生产力和科学技术的发展水平不同，社会对受教育者思想品德的要求就不同。如今，知识经济和信息化已经成为社会的重要特征，这不仅对社会成员的文化与科技素质提出了新的要求，而且对其思想道德素质也提出了更高的要求，思想政治教育因此必须加大对教育对象道德价值评判与选择能力的培养，这应成为新时期思想政治教育目的的重要内容。

一定社会的生产关系以及由此产生的社会经济、政治制度对思想政治教育目的起着直接的决定性影响。在阶级社会里，由于不同阶级的经济利益和政治利益不同，思想政治教育目的也各不相同，其中统治阶级思想政治教育目的反映了统治阶级的经济和政治利益，在社会上占统治地位。思想政治教育是一定阶级或政治集团为实现一定的政治目标，有组织、有计划地对社会成员施加思想观念、政治观点、道德规范的影响，使其形成本阶级所需要的思想品德的实践活动，其目的为一定社会的经济、政治制度所决定，在阶级社会中具有鲜明的阶级性。

中国共产党的奋斗目标反映了中国社会发展的客观要求，因而依据社会发展的水平和要求确定思想政治教育目的。在我国具体表现为要依据党的奋斗目标来确定，思想政治教育目的应同党的奋斗目标保持一致。党的最终目标是实现共产主义的社会制度，这一目标决定思想政治教育的根本目的是用共产主义思想教育，动员和激励教育对象为实现共产主义努力奋斗，并在奋斗过程中不断提高自己的思想道德素质，使自身得到全面发展。当然，实现共产主义的社会制度需要一代又一代人的艰苦奋斗，是一个长期的历史过程，可分成许多阶段，党在每个阶段的奋斗目标既有联系又有区别。思想政治教育要以共产主义思想为指导，根据不同阶段党的奋斗目标来确定不同时期思想政治教育的目的。同时，党在一定阶段的奋斗目标要分解到各领域、各部门，因为党在各领域、各部门的具体目标各有不同。各领域思想政治教育的目的必须与党在该领域的奋斗目标保持一致，以便各领域的思想政治教育目的落到实处。当前，要围绕实现社会主义现代化这一党在现阶段的奋斗目标确定思想政治教育目的。思想政治教育领导部门和教育者一定要准确把握党的基本理论、基本路线、基本方略，明确党在新时期的奋斗目标及实现这一目标的战略部署，正确地规定思想政治教育的目的，以组织和动员全体人民为实现社会主义现代化而奋斗。

（二）受教育者精神世界发展的需要及思想实际

思想政治教育是培养人的社会实践活动，不是一种单向度地向受教育者施加影响的活动，而是教育者与受教育者双向互动的过程。作为对教育对象思想品德的要求，思想政治教育目的必须充分考虑到受教育者精神世界发展的需要及其思想品德实际。

思想政治教育要达到提升人的精神品质和促进人的全面发展的目的，必须尊重和了解受教育者的需要，否则教育就会失去吸引力和针对性，受教育者就有可能失去接受教育和自我教育的动因。因为需要是人生命活动的内在根据和社会发展的原动力，思想政治教育只有遵循人的发展需要的规律，才能获得根本的动力支持。在社会主义社会中，受教育者在成长的过程中，会有丰富的精神需要，例如，学习的需要、较高的道德修养的需要、政治进步的需要、和谐的人际关系的需要、尊重与荣誉的需要、自我成就的需要、才能发挥的需要等。只有满足受教育者的这些需要，思想政治教育才会产生好的效果。因此，确定思想政治教育目的，必须考虑教育对象多角度、多层次的精神需要。唯有如此，才能确保教育对象的内在精神需求得到积极的、正向的发展，思想政治教育目的才能为教育对象所真正接受，转化为他们的个人目标，成为其行动指南。我国思想政治教育的根本目的内在地包含着满足教育对象精神世界发展需要的内容，具体目的的确定也必须考虑这一因素，这是确定思想政治教育目的的内在要求。

在确定思想政治教育目的时，还必须考虑教育对象思想品德的实际状况。思想政治教育对象是分为不同类型、不同层次的，不同类型、不同层次教育对象的思想状况是有差别的。这就要求我们在确定思想政治教育目的特别是具体目的时，要充分考虑教育目的与受教育者思想品德状况之间的紧密联系，考虑受教育者接受的可能性，以更好地引导受教育者向社会要求的方向发展。如果忽视受教育者的思想实际，就有可能把具体目的定得过低或过高，教育目的就会失去对受教育者的引领作用。教育对象的层次性，决定了思想政治教育目的的层次性。在统领全局的思想政治教育根本目的的指导下，思想政治教育的具体目的也必须是多层次的。思想政治教育者必须根据教育对象思想品德的实际来确定各行业、各部门、各单位思想政治教育的具体目的，以使教育目的更具有针对性和可操作性。

受教育者精神世界发展的需要及其思想品德的实际，相互联系、相互制约，从不同侧面对思想政治教育目的的确定提出了要求。在确定思想政治教育目的时，不能将其分割开来，而应将其视为一个整体，力求使教育目的同时满足上述两方面要求。

四、思想政治教育目的的意义

历史唯物主义认为，有目的性是人类活动的重要特点，目的对人类活动顺利而有效的进行发挥着重要的作用。同样，思想政治教育目的对思想政治教育活动和教育对象思想品德的发展也有着非常重要的作用。

（一）为思想政治教育活动指明了方向

人的活动不是盲目随意的，而是有目的的。在社会生活中，不管是群体还是个体，无论做什么事，都要先确定目的，以明确活动的指向。思想政治教育不仅不例外，而且目的性更强，思想政治教育活动的方向就是由其目的所规定的。

思想政治教育的根本目的从总体上规定了思想政治教育活动的共产主义方向，对思想政治教育的具体活动具有引导和激励作用。思想政治教育的其他一切方面，如任务、内容的确定，原则、方法、载体的运用等都必须与这个方向一致，都必须有利于朝这个方向发展。体现思想政治教育根本目的的具体目的，也在不同层面上保证着思想政治教育活动的共产主义方向。

（二）思想政治教育目的为思想政治活动提供动力

思想政治教育过程是教育者和受教育者的双向互动过程，只有教育者和受教育者都充分发挥主观能动性，积极参与互动，思想政治教育才能取得预期效果。而思想政治教育目的为激发教育者和受教育者的主观能动性提供了动力。对于思想政治教育者而言，思想政治教育的目的尤其是具体目的往往具有时限性，可用具体指标加以衡量，体现为阶段性的任务，因而能较好地激发他们的活力，使他们积极主动地工作，为达到目的努力奋斗；对于受教育者而言，思想政治教育目的实际上就是他们的奋斗目标，教育目的所要求的思想政治素质就是受教育者应当努力达成的理想人格，因而它必然会对教育对象起到重要的引导作用。可见，思想政治教育目的在激发教育者活力的同时，也可以对教育对象产生巨大的激励作用，促使他们产生自我教育的积极性，不断向目的所指示的方向前进，从而不断提高自身的思想道德水平。

（三）为衡量思想政治教育活动成效提供依据

思想政治教育目的是整合思想政治教育所有具体评价标准的精神内核，不仅是思想政治教育活动应努力的方向，也是评估思想政治教育活动成效的重要依据。判断思想政治教育活动是否有成效以及成效的大小的重要依据，就是思想政治教育目的。有助于达到目的的思想政治教育活动，就是有成效的活动，反之，则是没有成效的活动。从总体上看，思想政治教育活动是否有成效，主要看思想政治教育根本目的的实现程度，即受教育者的思想道德素质是否提高，个性、能力是否得到全面发展等；从局部或具体单位看，思想政治教育活动的成效如何，要看活动的具体目标是否达到，如思想认识是否提高，工作学习积极性是否得到充分发挥等。可见，思想政治教育目的是衡量和评价思想政治教育活动成效的基本尺度。由于思想政治教育目的是社会发展的客观要求和受教育者内在精神世界发展的需求相互作用的产物，目的达到的状况客观上反映着社会和个人需求满足的程度，因而将思想政治教育目的作为衡量思想政治教育活动成效的标准是适宜的。

第二节 思想政治教育的任务

思想政治教育是整个社会大系统的一个组成部分，在社会生活中承担着特定的责任。这种特定的责任，就是思想政治教育的任务。思想政治教育目的的达成、功能的发挥，都有赖于任务的顺利完成。

党的十九大提出："建设教育强国是中华民族伟大复兴的基础工程，必须把教育事业放在优先位置，深化教育改革，加快教育现代化，办好人民满意的教育。"新时代全面建设社会主义现代化强国，就要先建成中国特色社会主义高等教育强国。新时代对教育现代化的需要，比以往任何时候都更加迫切；对科学知识和卓越人才的渴求，比以往任何时候都更加强烈。党的十九大提出了“加快一流大学和一流学科建设，实现高等教育内涵式发展”的目标，提出了使绝大多数城乡新增劳动力“更多接受高等教育”的新要求。面对高等教育创新人才培养和特色一流建设的艰巨任务，更要贯彻好党的教育方针，实现中国特色社会主义教育的根本任务。高校思想政治教育要从全面把握和深入理解高校思想政治工作会议上的立德树人“根本任务”的高度，进一步提高立德树人作为高校“中心环节”的自觉性、彰显立德树人作为“高校立身之本”的自信力。要把“中心环节”的要求和“立身之本”的意境，寓于实现立德树人“根本任务”之中，融于新时代高校思想政治教育整体过程之中。

第五章　思想政治教育的过程及其规律

第一节　人的思想品德的形成与发展过程

人的思想品德的形成与发展是思想政治教育学的重要研究对象之一。研究思想政治教育的过程及其规律，离不开对人的思想品德的形成、发展过程及其规律的研究。

一、思想品德的含义

从思想政治教育的实践来看，人的思想品德的形成过程与思想政治教育过程是统一的、协调的、相辅相成的。思想政治教育的开展和完成过程，就是人们思想品德形成和发展的过程。

思想品德是一种社会意识，是一个由多种要素构成的综合系统。它是人们在特定的思想体系指导下，根据一定社会规定的道德准则行动时，表现在其身上的相对稳定的心理特点、思想倾向和行为习惯的总和。作为社会意识，思想品德总是由一定的社会存在所决定，反映并反作用于一定社会的社会存在。在阶级社会中，思想品德具有鲜明的阶级性。

二、思想品德的构成

思想品德具有集合型的特征。一般来说，思想品德系统由心理、思想、行为三个子系统及其包含的多种要素所构成。

（一）心理子系统

心理是思想品德的基础。作为思想品德构成部分的心理子系统，具体包括人们的认识、情感、意志、信念等多种要素，这些要素共同构成人们思想品德形成与发展的基础和条件。具体表现为：人们思想品德的形成、发展，发端于认识、情感、意志、信念等要素的运动变化，这些心理要素的发展变化是思想品德形成发展的先导；人们的认识、情感、意志、信念等要素，影响需要发展的方向和强度，决定动机的性质，成为推动思想品德形成与发展的动力；人们的兴趣、性格、气质、能力、态度等个性心理特征，不同程度地影响着思想品德的形成与发展，成为思想品德的形成与发展必不可少的重要条件。

（二）思想子系统

思想是思想品德的核心。作为思想品德构成部分的思想子系统，具体包括人们的世界观、人生观、价值观、政治观、道德观等要素，这些要素共同构成思想品德的内在本质和核心。思想是一个多层次的体系，具体表现为：作为联结心理和行为之间的纽带和桥梁，思想不仅制约、决定着心理的方向和内容，而且支配着人的行为；思想被一定的社会关系所决定并反映和服务于一定的社会关系，世界观、人生观、价值观、政治观、道德观等思想要素集中地体现了思想品德的社会内容；具有鲜明时代性、阶级性的世界观、人生观、价值观、政治观、道德观等思想要素，决定着思想品德的性质、面貌和发展方向。

（三）行为子系统

行为是思想品德的外显。作为思想品德构成部分的行为指教育对象经常表现出来的自觉的品德行为，在思想品德构成中有着相对独立的重要地位。具体表现为：行为是思想品德形成、发展的外在标志和体现，行为习惯是思想品德的真实内容和最终落脚点，良好品德行为的养成是思想政治教育的根本和直接任务。

心理、思想和行为虽然有着不同的内涵和外延，但彼此不是孤立存在的，三者之间互相联系、互相渗透、相辅相成、密不可分，共同构成一个完整的统一体，这就是人的思想品德。可见，思想品德是由心理、思想、行为三个子系统及其包含的多方面要素共同作用所构成的复杂综合体系。

三、人的思想品德的发展过程

人的良好品德素质和正确的思想政治观点既不是与生俱来的，也不是自发生成的。陈万柏等认为，人的思想品德是主观因素和客观因素交互作用的产物，思想品德的形成、发展过程是其外在因素制约和内在因素转化的辩证统一的过程。这就是说，人的思想品德的形成是一个由个体内在心理因素（知、情、意、信、行）与外在因素（社会环境、教育环境）共同作用的结果。

（一）内在因素转化过程

思想品德形成的内在因素，指主体内在的思想矛盾与冲突，表现为复杂的心理活动过程。思想品德形成的内在因素主要有认识因素、情感因素、意志因素和行为因素等。任何一种思想品德的形成，都是这些主体内在因素积极参与的结果。

1.认识因素

这里的认识因素主要指人们的思想、政治、道德观念，它是人们对是非、真伪、善恶、荣辱的认识、判断和评价。

认识因素是思想品德素质形成、发展的先决条件。认识是行为的先导，每个人思想品德的形成与发展，都离不开相应的思想、政治、道德观念。一般来说，人们的认识越深刻、全面、正确，对事物的判断越科学，形成的思想政治观点就越坚定，外化为正确行为的可能性也就越大，正确行为坚持的恒久性也就越长。所以，个人思想品德素质的高低与其是非观念的鲜明与否、辨别能力的强弱和认识水平的高低密切相关。认识因素在思想品德的形成、发展过程中是品德行为的先导，其发展不仅是情感、意志、信念形成发展的必要条件，而且贯穿于思想品德形成的各个方面。

2.情感因素

这里的情感因素主要指政治情感与道德情感，它是人们根据一定的政治主张、思想观点和道德规范对社会和自身的思想、政治、道德行为做出善恶判断、确定爱憎态度时引起的内心体验。

情感源于认识，伴随着认识的过程而产生和发展。情感具有双重性：一方面表现为它是政治认识和道德认识，升华为政治信念和道德信念，外化为政治行为和道德行为的动力；另一方面又表现为它可能是这种升华或外化的阻力。当个人对某个事物产生了情感，有了强烈的爱憎、好恶时，就会在他自身形成一种巨大的力量，推动他对事物采取追求或舍弃、赞成或反对、适应或改造的行为；相反，如果他对此表现出冷漠的态度，缺乏必要的情绪体验，其认识也往往停留在口头上，很难转化为行为。因此，培养人们在思想政治品德方面的情感，具有十分重要的意义。

3.意志因素

这里的意志因素主要是指人们在实践某种理想、任务或行为的过程中，面对存在的困难和障碍时，所表现出来的能够自觉地不断战胜困难和克服障碍的毅力。

意志对人们思想品德的形成、发展发挥着重要的调节、监督、控制作用，是人们在思想品德素质形成和实践过程中，从认识、情感向行为转化并巩固为行为习惯的关键环节。意志表现为行动过程中的锲而不舍和实现理想、目标时的持之以恒，它能使正确的动机战胜不正确的动机，使理智战胜欲望，制止错误行为的发生。它帮助人们自觉地调节自己的言行和情感，帮助人们克服来自主客观方面的各种干扰和障碍，无论是在顺境还是逆境中，都能坚持自己认为正确的行为方式。因此，它也是一种自我控制、自我约束的能力。一般来说，顽强的意志来自深刻的认识、深厚的情感和坚定的信念。是否具有坚毅果敢的意志，决定了人们能否达到一定的思想道德水平。

4.行为因素

这里的行为因素主要指人们在一定的认识、情感、意志支配下所采取的行动。它是知、情、意的外在表现，是人们内心世界的显露，也是人的政治思想品质的综合反映。因此，它是衡量人的思想政治觉悟高低和道德品质优劣的重要标志。

行为习惯形成之后，又反过来作用于知、情、意诸因素，它对于认识的巩固与深化、情感的丰富与升华，以及意志的锻炼和信念的形成，起着很大的作用。由于行为是思想政治品德形成的最终标志，所以，引导人们产生正确的行为，并在多次重复正确行为的基础上形成良好习惯，具有至关重要的意义。

上述知、情、意、行诸因素是相互渗透、相互制约、相互促进的。它们之间的矛盾运动形成了思想品德素质的内在机制；同时，它们之间在发展方向和发展水平上的不一致和不平衡，为思想政治教育提供了客观依据。思想政治教育就是要通过晓之以理、动之以情、炼之以志、树之以信、导之以行等方面的有机结合，促进受教育者知、情、意、行诸因素相互作用、辩证发展，逐步达到发展方向和水平上的一致和平衡，形成良好的思想品德。

（二）外在因素制约过程

马克思主义认为，社会存在决定社会意识，社会意识是社会存在的能动的反映。观念的东西不外是移入人的头脑并在人的头脑中改造过的物质的东西而已。人的思想品德的生成除自身内部因素的作用外，社会环境的影响也非常重要。可以说，社会的经济、政治、法律、文化、道德诸关系都制约着人的思想品德的生成。受教育者所处的社会环境等外部影响因素，归纳起来有以下几个方面：

1. 社会存在和社会意识环境

受教育者生活和成长在其中的社会存在和社会意识环境，具体来说，包括社会经济制度、社会政治制度、社会主导的意识形态以及各种思想和文化。这些社会存在和社会意识因素在某种程度上对受教育者思想品德的形成起着决定性的作用。

2. 社区环境

受教育者所生活的社区环境，具体包括社区的自然条件、人文环境、日常生活和生产的特点等。人是社会群体动物，每个受教育者都是生活在一定的社会群体之中的，必然受到所在社区环境的影响，这在一定程度上对受教育者的人格、品德产生潜移默化的影响作用。

3. 家庭环境

家庭是一个人生活最早、最长久的地方，家庭群体之间往往是相互影响的，个人最初的社会化离不开家庭，家庭环境对人的思想品德的形成和发展具有深远的影响。

4. 学校教育环境

学校是培养人、塑造人的主要场所。由于学校的培养方式更具有针对性、计划性，所以，它对人的影响和发展最深远也最直接，对人的思想品德的形成也就更具有指导性。

5. 非正式交往环境

这里所说的非正式交往环境，具体包括邻居、朋友、熟人以及由于各种原因而暂时介入的各种群体。它对人的思想品德的形成作用巨大，因为人们参与其中的有益的交往、有益的活动，必然受到正向的影响，而这种正向影响，在一定层面是社会教育的一部分。

6. 社会舆论环境

社会舆论导向，也在很大程度上制约着受教育者的思想，影响着受教育者思想品德的发展。正确的舆论导向、良好的社会风气和人际心理环境，是使人形成良好的思想品德的重要社会条件。这也正是强调思想政治教育“大气候”的重要性的意义所在。

以上几方面的外部因素是互相联系、互相制约的。其中，社会物质生活条件，特别是物质资料的生产方式对受教育者思想品德的形成和发展起着决定性的作用。一定社会的经济发展、社会变革，以及人们生活方式的改变，都会极大地影响人们的思想政治观点、思想品德的形成发展，以及心理结构的调整。当前，我国所出现的人们在思想观念、道德准则、价值取向和行为选择上的种种变化，与全面改革开放的社会变革有着密切的关系。

总之，人的思想品德形成与发展的外部制约过程，是社会环境对人的思想品德的决定作用和人对社会环境的主观能动作用，并以社会实践为中介而构成的双向互动过程。

第二节 思想政治教育过程的特点与环节

思想政治教育过程是教育者和受教育者在一定目的的指导下，借助于一定的方式和手段来进行互动的过程。这个过程，可以从多角度、多方面进行分析。

一、思想政治教育过程的概念

思想政治教育过程是教育者根据一定社会的思想品德要求和受教育者思想品德形成与发展的规律，对受教育者施加有目的、有计划、有组织的教育影响，促使受教育者产生内在的思想矛盾运动，以形成一定社会所期望的思想品德的过程。这一过程的实质就是把一定社会的思想观念、价值观点、道德规范转化为受教育者个体的思想品德。对思想政治教育过程概念的理解，应包含如下三方面：

首先，思想政治教育过程是一种活动过程，是思想政治教育活动的展开、运行、发展的流程。活动是思想政治教育过程的基础，思想政治教育过程可以看作由教育活动或单独或先后衔接或横向呼应所构成。

其次，思想政治教育过程是一种有目的的活动过程。与一般的活动特别是自发活动不同，思想政治教育活动是根据教育目的，即依据一定的社会要求和受教育者精神世界发展的需求及其思想实际所确定的思想政治教育目标组织起来的。思想政治教育过程就是教育者和受教育者借助一定的教育手段、方式进行互动，实现思想政治教育目的的过程，也就是通过教育，使受教育者在思想品德上逐渐达到社会要求的过程。

最后，思想政治教育过程是教育者和受教育者共同参与、相互作用的过程。教育者和受教育者是思想政治教育过程的两个主要因素，无论离开了哪一方面，教育过程都不能成为完整的过程。过去在对思想政治教育过程进行研究时，人们常常强调教育者的主导作用，这无疑是正确的，今后也还要继续强调；然而，忽视受教育者在这过程中的主体能动性，是不对的。因为教育者施加的教育影响，只有在受教育者发挥主观能动性并积极接受的情况下，才能真正产生作用。在思想政治教育过程中，应特别重视教育者的组织、引导、教育与受教育者能动的认识、体验、践行相结合，使之成为内在的统一过程。

二、思想政治教育过程的要素

思想政治教育过程，是教育者对受教育者施加教育影响、促使受教育者通过自我教育接受教育影响并反馈给教育者的一个不断循环往复的运动过程。从某种意义上讲，这一过程等同于思想政治教育活动。这一过程或活动所必备的要素有哪些呢？关于这一问题，有许多不同的观点，其中大家较为认同的一种观点是，思想政治教育过程的要素包括：教育者、受教育者和教育媒介。

（一）教育者

教育者指在思想政治教育过程中有目的地对受教育者施加教育影响的个人或群体。教育者是一定社会所要求的思想品德规范的传授者，是思想政治教育过程的组织者和引导者，在思想政治教育过程中处于主导地位，发挥主导作用。离开了教育者的活动，思想政治教育过程就不复存在。

（二）受教育者

受教育者指在思想政治教育过程中教育者施加教育影响的对象。受教育者是教育活动的依托者，是思想政治教育效果的直接体现者。离开了受教育者，也就无所谓思想政治教育过程。值得注意的是，在思想政治教育过程中，受教育者不仅是教育活动的客体，而且从某种意义上讲也是教育活动的主体——自我教育的主体，具有主观能动性，不仅完成自身从知到行的转化，而且反作用于教育者和教育媒介。

（三）教育媒介

教育媒介包括教育内容和教育方法等，指在思想政治教育过程中，教育者用来影响受教育者的一定社会所要求的思想品德规范以及教育活动的各种方式与手段。教育内容是进行思想政治教育活动的客观依据，教育方法是思想政治教育过程最终取得良好效果的保证和条件，要把特定的教育内容有效地传授给受教育者，必须要有适当的教育方法。可见，教育媒介是联结教育者和受教育者的纽带，也是思想政治教育过程的一个基本要素。

在思想政治教育过程中，这三个要素紧密相连，互相制约、互相依赖，整个教育过程就是不断解决这几个要素之间的矛盾的无限循环过程。在把握思想政治教育过程时，要防止对这三个基本要素联系的割裂，反对片面强调某一因素的作用的倾向。要从三个要素相互制约的关系出发，来规定思想政治教育的目标、任务、内容、途径、方式、方法等。例如，在确定思想政治教育的目的和任务时，不仅要考虑社会要求，而且必须考虑受教育者的思想实际，因为受教育者自身发展的一般水平对目的和任务的制定也会产生影响。也就是说，思想政治教育不仅要提出受教育者思想品德塑造的长远目标，更要考虑受教育者对教育影响的感受性与接受可能性，即教育要求与受教育者思想品德演进的“最近发展区”的紧密联系，据此提出切实可行的中短期目标。总之，在处理思想政治教育过程基本要素的关系时，既要注意克服不顾受教育者的思想现状而过分强调社会要求的倾向，或过分突出教育者的控制作用而忽视受教育者的主动性的倾向，又要注意克服不顾社会要求、放弃教育控制而过分强调受教育者的思想现状的倾向。

三、思想政治教育过程的环节

思想政治教育过程的环节指在思想政治教育过程中相互关联的若干阶段。一般来讲，这些阶段有先有后。因此，思想政治教育过程的环节，也可以看作教育者对受教育者施加教育影响所必须遵循的一般工作程序。

关于思想政治教育过程的环节，有的论著认为有四个：确定教育目标和制订教育计划、选择教育机制、指导受教育者践行社会要求、总结检查。有的论著认为有三个：确定目标，制订计划；实施影响，促成转化；信息反馈，评估控制。还有一些其他观点。总的来看，这些观点大同小异，没有原则分歧。我们认为，从思想政治教育过程的内在特征来看，确定目标、制订计划、选择机制都属于思想政治教育方案的内容，因而本书将思想政治教育过程分为制订方案、实施、评估三个阶段。

（一）思想政治教育方案的制订

思想政治教育方案的制订指教育者根据受教育者思想品德的发展状况以及思想政治教育的实际情况，为达到一定目标，遵循一定的原则和程序，制订出各种行动方案并从中选出最优方案的过程。制订方案是思想政治教育的起始阶段，对整个教育活动的成效有决定性的影响。一般认为，制订思想政治教育方案的程序由下列基本步骤组成。

1.搜集信息，发现问题

制订思想政治教育方案，其目的是要解决思想政治教育现存的或潜在的某一问题。而要解决问题，就要发现问题，因而发现问题就成为制订思想政治教育方案的第一步。为了使方案符合实际，教育者就要善于发现问题并对问题进行科学诊断，即对某个问题进行系统的分析，正确把握构成问题的各种条件，明确问题的性质和范围，找出问题产生的原因，以便有针对性地确定教育目标，提出解决问题的措施和办法。如果不能及时发现问题或对问题诊断有误，就无法正确确定教育目标，方案就有可能全盘出错。实践表明，在制订思想政治教育方案过程中，因问题诊断错误而引起的失误，要比对问题认识正确但方案不当所引起的失误大得多。可见，发现问题并正确地分析问题是制订方案的前提，对思想政治教育能够顺利进行并取得实效，具有重要意义。

在现实生活中，受教育者存在的思想认识问题，以及由这些问题引起的思想政治教育中的矛盾是多种多样并不断发生着变化的。这些问题或矛盾相互联系，相互作用，有主有次，性质各不相同，发展趋势也各异。教育者要善于在复杂的问题或矛盾中，把握关键的问题，找出一定时期内受教育者的思想品德和思想政治教育中所要解决的主要矛盾，针对这些主要矛盾和关键问题制订方案。只有这样，才能通过对一定时期内的主要矛盾、关键问题的解决，带动其他矛盾、问题的解决，从而推动思想政治教育活动顺利发展，推动受教育者的思想不断向社会要求的方向变化。

要发现和提出问题并抓住主要矛盾，教育者除了提高自身的马克思主义理论水平、分析和解决问题的能力以外，还必须充分收集受教育者思想品德的有关信息资料。没有充分的信息资料，我们就无法认识受教育者思想品德的现状和特征，无法提出问题，也就无法制订方案。充足的信息是制订思想政治教育方案的重要依据。因此，教育者应通过各种形式、途径，深入了解受教育者思想品德和思想政治教育的现状、特征及变化发展趋势，了解影响他们的各种复杂的社会环境因素，充分掌握相关信息，为正确制订思想政治教育方案奠定基础。当然，并不是所有进入教育者视野的信息都是制订方案所需要的信息，制订方案所需要的信息必须满足下述四个要求：一是“广”，教育者所获取的信息不应是零散的、残缺的，而应是围绕特定目标或问题，相对的“全”。二是“准”，制订方案所需要的信息必须具有客观性，能够真实反映受教育者的思想实际和思想政治教育的实际。三是“精”，为制订方案所获取的信息必须具有针对性，必须是有序的、有系统的、高质量的信息。四是“快”，为制订方案所获取的信息必须是及时有效的。思想政治教育的信息具有很强的时效性，随着时间的推移，某些信息的价值会贬值，甚至会变得毫无价值。如果根据过时的信息制订方案，方案就会是无效的。总之，只有遵循这些要求，所获信息才会是真实可靠的，据此所提出的问题以及为解决这些问题所制订的思想政治教育方案才会是正确的、有价值的。

要做好信息搜集工作，教育者首先需要具备明确的信息观念。只有具备了明确的信息观念，教育者才会重视信息的收集和研究，对各种思想信息有敏锐的感受，在一个变化迅速的时代不失时机地掌握各方面信息。其次，要通过多种途径、运用多种手段收集思想信息资料。要加强调查研究，通过问卷、观察、访谈等方式掌握第一手资料；要擅于通过传媒如报刊、广播、电视、网络等收集资料。最后，要掌握思想信息处理的科学程序，加强对思想信息的研究。只有这样，才能全面准确地掌握思想信息，为科学制订思想政治教育方案打下坚实的基础。

综上所述，搜集思想信息，发现和提出问题，是制订思想政治教育方案的基础。在我国社会发生巨大变革，人们的思想日益复杂化、多样化、动态化的情况下，尤其要重视这一基础环节。教育者应特别注意搜集那些反映受教育者思想变化的新信息，从中提出由于时代的巨变而产生的新问题，并对这些问题进行认真的分析，从而有针对性地提出解决这些问题的措施和办法，帮助受教育者适应社会主义现代化建设的要求。

2.确定思想政治教育的目标

在发现问题并对之进行系统分析以后，就要确定解决问题所要达到的结果，也就是确定思想政治教育的目标。思想政治教育目标指在一定时期内教育者开展的各项思想政治教育活动所要达到的预想结果，它代表思想政治教育的方向和未来，规定着思想政治教育的基本任务和要求，也是衡量思想政治教育成效的重要标准。因此，确定目标是制订思想政治教育方案的关键环节。只有确定准确的目标，才能提出实现目标的教育内容、措施、方法，并根据目标的要求，选择教育的时机、人员。如果目标有误，无论后面的步骤如何到位，都必定会导致思想政治教育的失效甚至失误。因为按错误目标制订的最好方案恰恰就是最坏的决策。

确定思想政治教育目标的主要依据是社会发展的客观要求和受教育者精神世界发展的需求及近期思想品德状况。在确定教育目标时，首先要考虑上述因素。同时，还必须注意下述具体要求：

第一，目标必须有针对性。思想政治教育目标应当有的放矢，针对本地区、本部门、本单位思想政治教育中存在的问题，切中问题的要害，选中解决问题的突破口，或把握思想政治教育展开与发展的最好时机。

第二，目标必须具体明确。思想政治教育目标词义的表达应当清晰，不能含糊不清和空洞抽象，不能这样理解可以，那样理解也行；必须有衡量目标是否达到的具体标准，并对目标进行具体分解，以便于操作；必须有目标实现的具体时间要求和约束条件等。

第三，目标必须具有可行性。目标不仅要“应该”“可能”，而且更必须“可行”。

也就是说，目标要实事求是，既要积极先进，能激励教育者和受教育者更好地开展活动；又要确实可行，经过施教和受教双方的努力可以实现。

第四，目标必须分清主次缓急。思想政治教育的问题比较复杂，针对问题而出现的目标常常有多个，其中有些目标是近期内或一定时期内必须达到的，有些目标则是教育者希望达到的。在必须达到的目标中，要分清主要目标和次要目标，同时权衡轻重，列出先后次序，通过努力一个一个地加以实现。

总之，教育者必须依据社会发展的客观要求和受教育者思想品德的实际来确定目标，并使之满足上述多方面的要求。只有这样，才能确定正确可行的思想政治教育目标，从而为思想政治教育方案的制订创造一个良好的前提。

3.拟订思想政治教育方案

拟订方案就是制订思想政治教育计划。在拟订思想政治教育方案的过程中，“提出问题”是指明思想政治教育所要解决的问题“是什么”，“确定目标”回答针对这些问题需要“做什么”，而拟订方案是解决“怎么做”。在提出问题，确定目标以后，就需要制订相应的行动计划，以便有效地组织各方面力量开展思想政治教育，以解决思想问题，实现思想政治教育目标。实现一个思想政治教育目标的途径是多种多样的，什么途径最有效，什么方法最好，必须通过比较鉴别。这就要求思想政治教育者要拟订出相当数量而又质量高的可能方案，以便从中选出满意的方案作为最后确定的行动计划。如果只有一个教育方案，就没有比较和选择的余地，也就无从选择；如果所拟订的备选方案质量都不高，那么无论怎样选择也难以选出满意的方案。

拟订备选方案一般可分两步进行。

第一步，构思轮廓。构思轮廓就是从不同的角度，设计出各种各样的思想政治教育的可能方案（计划）。管理学理论一般用六个“W”来表示方案的内容：Why（为什么做）、What（做什么）、Who（谁去做）、Where（地点）、When（时间）、How（怎么做）。高校思想政治教育方案当然也应包括这些方面的内容，并且要尽可能全面详尽。值得注意的是，与一般的管理方案不同，在思想政治教育方案中，“谁去做”的“谁”，不仅包括教育者，而且也应包括受教育者，因为思想政治教育过程是施教和受教双方活动的过程，思想政治教育任务的完成离不开受教育者的努力。备选方案的构思来源首先是过去的经验，包括方案拟订者自己的经验以及他人或前人的经验。但由于思想政治教育往往面临着许多新情况、新问题，因而要求用新的思想和方法去解决。因此，构思轮廓要解放思想，打破框框，大胆创新。要运用创造学中的组合出新意、联想出新意、离题出新意等原理，以及畅谈会法、形态方格法、综摄法等方法，激发方案拟订者的创造力，尽可能把一切方案都列举出来，为制订教育计划提供广阔的思考与选择空间。

第二步，设计细部。在提出各种可能的思想政治教育方案后，要经过初步对比与筛选，淘汰掉一些优越性不大的方案，对余下的方案精心设计，确定方案的细节，估计方案的实施结果。在这一步，拟订思想政治教育方案的人最重要的是要有冷静的头脑和求实的精神，同时要进行严格论证和细致推敲。

4.优选思想政治教育方案

根据思想政治教育目标拟订出各种备选方案后，接着就要对其进行综合评价，即对它们进行比较、权衡和论证，然后决定对它们的取舍。对方案进行评价和选择是制订思想政治教育方案的关键步骤，正所谓“千锤打锣，一锤定音”。怎样才能从各种可行性方案中选择出最优方案呢？应依据什么标准来选择方案呢？在决策理论中，有人提出了评价与选择最优方案的三个标准，这三个标准对于评选思想政治教育最优方案也是适用的。

第一，价值标准。这里的价值泛指思想政治教育方案给受教育者和社会带来的实际效果。用价值标准来衡量，主要是看某种方案所带来的效果是否符合思想政治教育目标的要求。在众多的备选方案中，最能对症下药地实现特定教育目标的方案就是最佳方案。在这里，和目标背道而驰的方案是不允许的，“隔靴搔痒”“无的放矢”以及号称“万应药方”的方案也是无济于事的，应予舍弃。这一标准主要适用于那些目标单一且很具体的思想政治教育方案的评价与选择。

第二，总体最优标准。在制订思想政治教育方案过程中，单一而具体的目标毕竟是不多的，更多的是下述两种情况：一是目标抽象，难于用一个具体标准去直接评价方案的优劣，这就需要先把抽象目标分解为几个具体的子目标；二是某些思想政治教育方案本身就是多目标的。这两种情况都出现了多个目标，每一个目标都有不同的评价准则。从这个目标的角度看是最佳方案的，从另一个目标的角度看未必理想。于是就很难找到对所有目标来说都是最优的方案，不同方案往往形成“各有千秋”的局面。这就需要采取总体最优标准，即从思想政治教育目标的总体要求出发，综合评价和衡量某一方案的最佳效果，从中选出最优方案。在运用这一标准时，可采用综合评分法、目标排队法、逐步淘汰法、层次分析法等具体方法，以便更准确地把握各方案的利弊得失。由于思想政治教育目标多为抽象目标或多目标，因而在评价和选择思想政治教育方案时应更多地使用这一标准。

第三，最优损益平均值标准。在思想政治教育中，由于存在许多不完全可控的因素，因而，一个方案的执行结果常常难以准确预测，往往出现多种可能，甚至成功与失败的可能同时存在。在这种情况下，就需要对各种可能性出现概率的大小以及每种可能性的具体效果进行评估，然后用各种可能情况下的平均效果作为评价的标准。平均效果越高，越是利多弊少，方案就越可取。由于思想政治教育方案的各种可能性后果往往是难以估量的，因此，在评价和选择方案时运用这一标准有一定难度，但这并不是说不能使用这一标准。人的思想和思想政治教育，在特定因素的作用下会呈现出一定的变化趋势。只要教育者具备系统的观点、科学的思想方法、丰富的判断经验、较强的预测能力，就能比较准确地估计各种方案的正向或负向的可能性后果，从而做出比较符合实际的方案选择。

在根据这些标准对思想政治教育方案进行综合评估和选择时，如果备选方案都令人满意，就可从中选择一个最优方案；如果几个备选方案都不理想，那就要放弃这些方案，重新拟订方案；如果备选方案各有长短，就需要吸取各种方案的优点和长处，综合出一个新的更符合思想政治教育特定目标的最佳方案。

（二）思想政治教育方案的实施

关于思想政治教育方案的实施，有许多内容需要讨论。这里仅就实施的准备和教育活动的开展做一点论述。

在确定方案以后，就进入思想政治教育的实施阶段了。在这一阶段，首先要做的工作是制订一个方案的实施计划，以保证方案的顺利实施。实施计划应该明确规定和安排实施中各种具体措施、教育范围、期限和方向等，以利于思想政治教育方案的具体落实和贯彻执行。其次，在实施组织准备工作时，思想政治教育者要预先对方案的潜在问题进行分析。也就是在方案付诸实施前，就要考虑方案在执行过程中可能会出现什么问题，这些问题一旦出现会产生什么影响与危害，同时要准备某些防范和应急措施，以减少那些潜在问题出现的可能性和危害性。如果未进行这项分析，未采取防范措施，就有可能对思想政治教育方案执行中出现的问题措手不及，导致方案的实施受阻。可见，系统地预先对方案的潜在问题进行分析，是思想政治教育决策实施中的一件重要工作，不可忽视。之所以把这两方面的工作放在实施阶段，是因为它们是和具体实施工作紧密相连的，是思想政治教育实施工作的一个有机组成部分。

实施阶段是思想政治教育过程的中心环节。其主要任务就是把方案付诸思想政治教育实践，对受教育者实施全面的教育影响，并促使受教育者在活动的过程中接受教育影响。因而实施阶段的中心工作是开展好各种教育活动。受教育者的思想品德是在活动过程中形成，又通过活动表现出来的。活动是受教育者思想品德形成的基础，组织活动是思想政治教育过程的中心内容。思想政治教育正是通过形式多样的教育活动，向受教育者传递社会要求的思想观念、政治观点、道德规范，同时使受教育者在活动的过程中感受、体验、掌握这些观念和规范，形成符合社会要求的思想品德的。因此，根据思想政治教育方案开展各项教育活动，是不同领域、不同部门思想政治教育者的共同责任。

思想政治教育活动的开展指直接进行的活动过程，包括教育者通过各种途径和形式（课堂讲授、会议、作报告、个别教育等）对受教育者传输社会要求的思想政治观念和受教育者对此的学习；教育者所组织的各种含有思想政治教育意义的实践活动，如学习英雄模范活动、“五好家庭”活动、文体活动等；在教育者指导和影响下个体进行的思想道德实践等。从总体上说，这一环节的基本任务是完成思想道德认知到道德行为的转化。完成这一任务需要实施以下具体步骤。

1.传导思想道德观念，提高受教育者的思想品德认识

在教育活动和交往的基础上，向受教育者传导社会要求的思想观念、政治观点、道德规范，提高他们的思想品德认知水平，是思想政治教育的重要任务。人的思想品德的各要素既相互联系又独立发展。在教育过程中，某一阶段可以着重培养某一方面的品质。但一般来说，思想品德认识是思想品德情感及其行为的基础和内在动力。因此，进行思想政治教育，首先要提高人们的思想品德认识，即要向人们传导一定的思想观念、政治观点、道德规范，使人们的情、意、行建立在坚实的科学基础之上。这就要求教育者在内容上要注意系统性、针对性；在方式上要力避单纯的“注入”，而注意通过讨论、调查研究、参观访问等形式生动活泼地进行，使人们在一种主动的状态中掌握社会要求的思想道德观念和规范，以便为提高受教育者的政治鉴别能力、道德判断能力，以及行为选择能力奠定良好的基础。

2.引导受教育者实现从品德认识到行为的转化，培养人们的品德践行能力

从知到行的转化是思想政治教育中最基本也是最困难的一环。思想政治教育的基本问题就是，如何促使人们把思想品德认识转化为相应的行为及习惯。因此，在思想政治教育过程中，必须着力抓好这一环节的诸多具体工作。

第一，重视思想品德情感和信念的培养。由思想品德认识转化为相应的行为，需要经过情感和信念这两个中间环节。情感是认识转化为行为的“催化剂”，对人的行为的方向和强度都有重要的影响。因而培养受教育者鲜明的社会主义思想政治情感，对促进其认识向行为的转化具有重要作用。在人的认识向行为转化的过程中，信念也是一个重要的驱动因素。信念是深刻的认识和强烈的情感的有机统一，只有当认识与有关的情感体验结合时，信念才会产生。因此，要特别注意通过实践使受教育者获得思想品德行为的经验和富有感情色彩的体验，以促使他们形成符合社会要求的思想品德信念。为此，要重视创设良好的思想政治教育情境，注意以情育情，以境育情。

第二，提出行动要求，并促使受教育者将其内化，变成自己的行动动机。在思想政治教育过程中，教育者应该旗帜鲜明地向受教育者提出明确的行动要求。行动要求既要适当高于受教育者目前的接受能力，有提升其思想品德水平的可能，以激励受教育者奋发进取，开拓向上；又要切实可行，经过一定的努力可以达到。过低过高的要求都难以为受教育者所理解和接受，难以起到引导的作用。总之，行动要求只有与受教育者的思想品德需要相协调，才能更好地内化为他们的行动动机。

促使受教育者将社会要求转化为内在动机的一个重要工作，就是要引导受教育者通过实践取得正面的经验和积极的体验，避免获得反面的经验和消极的体验，以进一步理解

教育要求的正确性与合理性。为此，要大力加强思想政治教育的物质和精神文化条件的建设，大力优化社会环境，使受教育者通过思想政治教育接受的思想观念、价值观点、道德规范在各种层面的现实生活中都得到肯定和强化。强调这一点在今天有着重要的现实意义。一段时期以来，思想政治教育过程的效果不尽理想，其中一个重要的原因就是我们传导给受教育者的思想政治观念往往被实际生活所否定，这种负强化极大地妨碍了受教育者把社会要求内化为他们的行为动机。因此，在促使受教育者将社会要求内化的过程中，必须十分注意思想政治教育小环境氛围的营造，以及大环境的建设和优化。

第三，指导受教育者选择行为方式，锻炼其品德意志。有了良好的愿望，但如果不懂得运用恰当的行为方式，还是难以顺利地将思想品德认识转化为相应的行为。因此，需要对受教育者进行行为方式的指导，包括对道德行为方式的意义、适用情境等的说明，对典型的道德行为方式的分析；对道德行为步骤的讨论；对道德行为方式榜样的展示；对受教育者道德行为方式进行训练；等等。通过这种指导，使受教育者懂得控制和调节自我行为，辨别不同情境下应采取的行为方式，逐步形成正确、独立、理智地选择道德行为方式的能力。

在思想道德动机转化为行为的过程中必然会遇到各种困难，没有坚强的意志，受教育者在动机转化为行为的过程中就有可能犹豫徘徊，畏缩不前，被困难吓倒，被挫折搞得灰心丧气。因此，培养受教育者的道德意志对动机向行为的转化意义重大。要采取不同的锻炼措施促使受教育者产生意志锻炼的愿望，有意识地进行意志磨炼，从而用道德的动机战胜非道德的动机，克服各种障碍，把道德动机转化为行为。

第四，组织各种实践活动，培养受教育者的道德行为和习惯。在前述各个环节的基础上，要及时组织各种活动，促使受教育者把思想道德认识付诸实践。如受教育者在经过教育后，更努力地工作，更刻苦地学习，更好地参加公益活动，更自觉地遵纪守法等，都是认识转化为行为的表现。教育者要引导受教育者通过反复的实践，巩固这些道德行为，使之形成习惯，即形成稳固的、自动的、愉快的行为模式。为此，教育者要创设重复良好行为的教育情境，消除不良行为的重复机会。同时，在培养受教育者良好的行为习惯时，还要注意改变受教育者的某些不良习惯。

总之，组织教育活动是思想政治教育实施阶段的基本工作，教育者应下大力气抓好活动的开展，使之正常有序、生动活泼地进行。

（三）思想政治教育的评估

教育方案付诸实施，并不等于思想政治教育工作过程的完结。教育活动本身并不是思想政治教育的目的，思想政治教育的目的是要使受教育者形成良好的思想品德。是否达到了这一目的，需要进行科学的评估，因此，评估是思想政治教育过程的最后一个环节。

思想政治教育评估是依据一定的标准，运用测量和统计分析的方法，对思想政治教育的过程及其实际效果进行质的评判和量的估价的活动。评估的内容包括某一教育过程的目标是否达到，教育内容是否合适，教育者所运用的方法是否适当，教育者和受教育者的互动是否正常，受教育者的思想品德水平是否提高等。所有这些方面最终都集中地、综合地体现为教育效果，因而思想政治教育评估的核心内容是对教育效果的评估，这也正是思想政治教育评估最为困难的一环。对教育效果的评估之所以困难，是因为思想政治教育效果的表现形态非常复杂。它既表现为显性效果，又表现为隐性效果；既表现为直接效果，又表现为间接效果；既表现为近期效果，又表现为远期效果。在思想政治教育评估中，显性的、直接的、近期的效果容易为人们所注意，也比较容易评估；而隐性的、间接的、远期的效果则往往为人们所忽视，对它们的实际评估也很困难。然而，思想政治教育活动是一项直接作用于人的活动，其隐性的、间接的、远期的效果是大量的，也是客观存在的，忽略它们而要做好评估工作是不可能的。这就要求我们用辩证的思维方式，多角度、多方位、多层次地对思想政治教育效果进行评估，把显性效果和隐性效果、直接效果和间接效果、近期效果和远期效果的评估结合起来，统一起来，从而对思想政治教育效果做出全面的、客观的评估。

在对思想政治教育评估的研究中，分类研究尚不够深入，这不能不说是一个缺憾。从总体上讲，思想政治教育评估可以分为阶段性评估和总结性评估两类，它们各有其不同的特点和功用。阶段性评估是对教育运行过程某一阶段情况的评析，其作用是使教育者明了思想政治教育过程的运行状况，及时发现教育活动偏离教育目标的情况，以便调整教育计划，进而对教育过程进行及时有效的调控，最终圆满地完成教育任务。而总结性评估则是对已经基本完结的某一思想政治教育过程的分析和估量，其作用是总结教育活动的经验教训，探求教育活动中带规律性的东西，以便更好地开始一个新的教育过程。由此可见，评估在思想政治教育活动中起着承上启下的作用，它是一个具体的思想政治教育过程结束的标志，同时又是一个新的教育过程的起点。

评估对教育者和受教育者以及思想政治教育过程的运行有重要意义。恰当的评估对教育者和受教育者的活动会产生一种刺激作用，使他们继续或中止某种行为，从而起到强化效果的作用。及时地进行评估也有利于教育过程围绕着教育目标正常运行。要实现既定的思想政治教育目标，完成教育任务，就必须适时有效地调整教育过程，而对思想政治教育活动评估的结果就是这种调整的依据。因而，在思想政治教育过程中应经常及时地组织教育活动的检查和评价，注意把阶段性评估和总结性评估结合起来，并利用评估反馈的信息，加强和改善对思想政治教育过程的调控。

作为思想政治教育过程的一个环节，评估本身还具有重要的思想政治教育功能。通过教育者和受教育者的分别评估以及他们之间的相互评估，能使教育和受教育者的自我教育更好地结合起来。在评估活动中，肯定受教育者的成绩和进步，会使受教育者受到鼓励，提高其参加教育活动的自觉性、积极性，强化其已获得的新品质；对受教育者缺点和不足的批评、分析以及受教育者的自我批评，会促使他们纠正错误的、片面的认识，改变不良习惯。因此，思想政治教育者应重视评估环节，努力组织好评估工作，充分发挥评估活动的思想政治教育的功用，使评估成为诊断、调整、激励和提高的重要手段。

需要指出，思想政治教育是一项艺术性很强的工作，其运行过程的组织具有灵活性、多样性的特点，没有固定的程式。上述运行过程也反映了高校思想政治教育过程各个环节的内在联系，这些环节相互渗透，循序渐进，逐步深入，任何一个环节出现问题，都会影响思想政治教育目标的实现，降低教育活动的水平。因此，教育者一定要重视每一环节的运作，并注意各个环节之间的联系，以推动思想政治教育过程不断向前发展。

四、思想政治教育过程的特征

思想政治教育过程作为一种相对独立的教育过程，有自己的特点，这已成为研究者们的共识。但它又是一个非常复杂的教育过程，具有多方面的属性，因而，研究者们对其特点的概括就呈现出一种见仁见智的局面，认识很不一致。近年来，出版的论著对思想政治教育过程的论述，大致提到以下一些特点：社会性和可控性、集体性和实践性、严格要求与个性发展、教育与自我教育、长期性和反复性等。这些提法从不同的侧面描述了思想政治教育过程的属性，对我们认识这一过程有一定帮助。但是这些属性是否都是思想政治教育过程所特有的，值得进一步研究。我们认为，不加区别地将思想政治教育过程的所有属性都罗列出来，对认识这一过程意义不大。只有抓住其特有的表征，才能更深入、更准确地把握思想政治教育的过程。思想政治教育的特殊矛盾是一定社会的思想品德要求与受教育者实际的思想品德水平之间的矛盾，思想政治教育过程就是要解决这一矛盾，以促进人的思想品德向社会要求的方向发展，进而促成人的全面发展。相对于影响人的思想品德及其全面发展的其他因素以及影响方式而言，思想政治教育过程具有以下明显的特点。

（一）明确的计划性和鲜明的正面性

与一般的社会环境的影响相比，思想政治教育过程对人的思想品德的影响具有明确的计划性和鲜明的正面性特征。

如前所述，一般社会环境对人的思想品德的影响，往往是自然的、无序的、多向度的，很难加以有效控制。而思想政治教育则是人们根据一定的社会要求和受教育者精神世界发展的需求及其思想品德发展的实际，自觉开展的教育活动，是一种有目的、有组织、有计划的教育影响过程，具有可控性和针对性。这一特点要求教育者在实施教育影响时，一定要精心组织有利于人们品德发展的教育内容，营造良好的环境氛围，使思想政治教育过程更有成效。

与计划性密切相关的另一个特征是正面性。所谓正面性是指思想政治教育影响总是选择积极的价值内容和最有利于受教育者发展的教育方式。思想政治教育要促进社会的繁荣进步和人的全面发展，其价值内容体系必然是由既有利于社会发展又有利于个人生活幸福的部分所组成。在思想政治教育过程中，我们坚持用马克思主义理论、共产主义理想和社会主义价值观教育人民、引导人民，这集中体现了我国思想政治教育积极的、正面的思想道德价值。教育内容的正面性是区别一般环境影响和思想政治教育影响的一个重要标志，舍此便无所谓思想政治教育。因此，在思想政治教育过程中，应始终旗帜鲜明地坚持积极的、正面的思想、政治、道德价值的选择和引导。思想政治教育方式的正面性，历来为我国所重视，说理引导、榜样示范、情操陶冶、实践锻炼等方法在思想政治教育中的广泛运用，以及大力优化育人环境等举措，都是思想政治教育方式正面性的重要体现。对人们尤其是青年进行正面的思想政治教育具有重要的意义。在我国社会发生巨大变节、社会环境极其复杂的条件下，思想政治教育必须坚持影响方式的正面性及其创新性，坚持创设积极健康的育人氛围，这是由思想政治教育过程的根本属性所决定的。

（二）突出的复杂性和广泛的社会性

思想政治教育是一种教育实践活动，它和智育、体育、美育等有着密切的联系，同时又有明显的区别。与智育、体育、美育等教育过程相比较，思想政治教育过程有什么特征呢？学者们一般认为，复杂性和社会性是其重要特征。

相比较而言，智育、体育、美育过程较为单纯，它们的主要任务是向受教育者传授特定的知识、技能，发展其智力和身体素质以及审美意识、审美情操等。而思想政治教育过程则较为复杂，其任务主要是通过解决受教育者思想品德发展现状和社会要求之间的矛盾，促使受教育者观念、态度的改变，行为习惯的养成，有时甚至涉及对个体利益的调整。因此，思想政治教育过程的影响因素、影响过程、影响结果都具有复杂性。就影响因素而言，党组织、工会、共青团等群众组织，学校、工厂、家庭、社区以及各种非正式组织，包括报刊、书籍、广播、电视、网络在内的大众传播媒介等都对受教育者发生作用。这些作用有时是一致的，有时则不尽一致甚至相冲突的，需要整合。就影响过程而言，思想政治教育过程不是简单的教与学的过程，受教育者在接受思想政治教育内容时，会受到自己已形成的观点、态度、志向、习惯、爱好等的影响，因而会有不同的选择。思想政治教育的影响过程极为复杂，其影响机理还需深入探讨。就影响结果而言，思想政治教育活动的效果有时是明显的，有时则是潜在的；有时是直接的，有时则是间接的；同一思想政治教育活动有可能产生不同的结果，等等。这种复杂性，要求在思想政治教育过程中，要实现教育者和受教育者在多方面的协同，实现教育和自我教育的统一。

复杂性的另一个表现是思想政治教育过程的多端性。一般来讲，智育主要从认知出发，美育主要从情感出发，体育主要从行为出发开始教育过程。而思想政治教育则可以从知、情、意、信、行任何一端开始进行教育。也就是说，根据特定教育对象的实际情况和教育因素的变化等条件，思想政治教育既可以从传授思想、道德知识开始，也可以从陶冶情操开始，还可以从磨炼意志或训练行为习惯开始。这种多端性特点，要求思想政治教育要开辟多种渠道，因人、因时、因势确定教育开端，有的放矢地使受教育者在知、情、意、信、行等方面都得到相应的发展，从而取得更好的教育效果。

与智育、美育、体育相比，思想政治教育过程的社会性特征在我国也表现得极为突出。首先，在我国社会的各个领域都存在思想政治教育过程，其对象具有广泛性，涉及老、中、青以及儿童等各个年龄群体，涉及社会的各个阶层、各种群体。其次，思想政治教育的主体也具有广泛的社会性。也就是说，思想政治教育的主体不限于学校等教育组织中的教师及其他教育者；党组织、工会、共青团、妇联等人民团体、工厂以及其他各种社会组织、家庭等都具有一定的思想政治教育的职能，其中的很多人在一定条件下、在一定场合都是思想政治教育的主体。简而言之，无论是领导干部还是一般职工，无论是教师还是家长都是直接或间接的教育者。

（三）积极的引导性和明显的长期性

从思想政治教育过程和个体思想品德形成过程关系的角度，可概括出思想政治教育过程的引导性和长期性特征。

当代思想政治教育特别注重发挥受教育者的主观能动性，这样可以产生实质性的教育效果。因此，思想政治教育过程应充分注意实现教育对象主体的思想、道德建构与思想政治教育主体的思想、道德价值引导的统一。然而，如果将思想政治教育过程与个体思想品德形成发展过程本身进行比较，我们就应该承认，“思想道德价值引导”是两者的一个重要区别所在。现代思想政治教育理论认为，在高校思想政治教育过程中，存在教育者和受教育者两个主体，只有发挥两个主体的主观能动性，教育才能取得好的效果。这并不是说两个主体的地位是一样的，作用是相同的。事实上，虽然思想政治教育者主体性发挥的出发点和最终归宿都是为了更好地发挥受教育者的主体性，但是受教育者思想品德塑造所需要的价值内容和最佳环境，毫无疑问需要教育者去精心组织和安排。教育者在教育过程中起着重要的引导作用，舍此同样无所谓思想政治教育。引导性特征要求教育者在进行思想政治教育时，要考虑到受教育者的整体思想品德发展水平，既不提出超越教育对象发展实际的教育要求，也不做其发展的尾巴，而是确定适宜的发展目标，引导受教育者的思想向社会主义现代化建设所要求的方向发展。

如果说引导性特征反映了思想政治教育过程与人的思想品德形成过程的区别，那么长期性特征就反映了两者之间的紧密联系。人的思想品德是在教育的作用和社会环境因素的影响下，在长期的生活实践的过程中逐渐形成的，无论是思想观念、政治和道德意识的形成，还是情感的发展，或是行为习惯的养成，都需要长期的积累过程。因此，思想政治教育过程就是一个不断循环往复、无限发展的过程，一个过程的完结，就是一个新过程的开始。同时，由于人的思想是非常复杂并且不断变化的，有时会出现反复，因此，思想政治教育不可能一蹴而就，不能企望“毕其功于一役”，而要反复进行。这种反复性也是思想政治教育过程长期性的重要表现。当然，反复教育并不是内容的简单重复，而是要根据新的情况，结合受教育者思想品德的变化发展状况，不断地更新教育内容，使受教育者受到长期反复的教育、感染、陶冶和磨炼，从而不断地提高其思想品德水平。

长期性的另一个重要表现是思想政治教育过程的渐进性。人的思想政治面貌，从根本上讲是可以通过教育和环境影响以及教育者在实践中的主观努力来改变的，但需要一个过程。绝不是一经教育，就一定“立竿见影”，受教育者就会发生思想品德突变的。早在两千多年前，荀子就注意到了这一点，他提出了“积善成德”这一重要命题。他说：“积土成山，风雨兴焉；积水成渊，蛟龙生焉；积善成德，而神明自得，圣心备焉。故不积跬步，无以至千里；不积小流，无以成江海。”在他看来，只有持续不断地努力，循序渐进，才能达到既定目标。这个思想给我们以启示：一个人的思想品德要达到较高水平，必须经过多次教育，日积月累，循序渐进。即使是思想品德的质变，也是在渐进的量变的基础上产生的。因此，教育者必须遵循渐进性这一特点，坚持不懈地进行思想政治教育，从而引导受教育者向思想道德的更高境界迈进。

第六章　思想政治教育的内容和原则

思想政治教育的内容是思想政治教育系统的一个基本因素，是思想政治教育目的和任务的具体化。在我国现阶段，思想政治教育的内容主要包括马克思主义、中国特色社会主义共同理想、以爱国主义为核心的民族精神、以改革创新为核心的时代精神、社会主义核心价值观。全面把握思想政治教育的内容，并根据不同教育对象的实际加以运用，是增强思想政治教育实效性、提高教育对象思想道德素质的内在要求。

第一节　思想政治教育内容概述

思想政治教育的内容是思想政治教育的一个子系统，其要素是多方面的。在确定思想政治教育的内容时，除了考虑相关因素外，还必须遵循一定的原则。

一、思想政治教育内容系统的要素

思想政治教育的内容，是思想政治教育的重要组成部分，是思想政治教育者向教育对象实施教育的具体要素。这些要素不是随意安排的，而是根据思想政治教育的目的和任务以及教育对象的思想实际所确定的。思想政治教育目的和任务内在规定的丰富性以及教育对象精神世界发展的多样性，决定思想政治教育的内容是多方面的、广泛的。这些多方面的内容按照特定的层次结构相互联系，相互作用，由此构成思想政治教育的内容系统。

系统是由要素构成的，思想政治教育的内容系统是由哪些要素（方面）构成的呢？关于这个问题，有一些不同的观点，有的认为包括两个方面，有的认为包括三个方面，有的认为包括九个方面，还有的认为包括十个方面。我们认为，以社会主义核心价值体系为基础的思想政治教育的内容可以进行多种分类，但无论怎样划分，分为多少方面，都无原则分歧，只是分类的方法不同以及由此导致的内容概括得粗细有异，实属大同小异。思想政治教育的根本目的是要不断提高人们的思想道德素质，促进人的全面发展。我们认为，为达到这一目标而进行的思想政治教育，其内容应包括以下五个方面：世界观教育、政治观教育、人生观教育、法制观教育、道德观教育。

相对目前对思想政治教育内容的某些分类，我们认为这个分类更概括、更规范，包括了思想政治教育的全部内容。思想政治教育的内容系统，就是由上述各种相互联系、相互作用的要素按照特定的层次结构组成的、具有提高教育对象的思想道德素质等功能的有机整体。

二、确定思想政治教育内容的原则

如何确定思想政治教育的内容，是一个值得深入研究的问题。我们认为，除了考虑思想政治教育目的及其层次化，思想政治教育对象及其层次性，对思想观念、价值观点、道德规范可教性的理解，对思想政治教育过程的理解等因素以外，还应遵循以下原则。

（一）整体性原则

整体性原则指在实施教育内容时，必须使思想政治教育内容系统各要素之间协同作用，使教育内容成为具有良好功能的系统。整体性是就思想政治教育内容的总体而言的，即教育内容系统必须是涵盖各种内容要素的一个整体，不能有要素缺失。整体性原则是教育对象的多样性及其思想的复杂性所要求的。教育对象的多样性要求思想政治教育的内容必须广泛地适合对所有教育对象进行教育，必须是一个由多种要素协同作用的有机整体。同时，教育对象的思想往往是复杂多变的，任何一个教育要素都不能覆盖其思想的全部，都难以解决复杂的思想问题。要有效地解决复杂的思想问题，全面提高教育对象的思想道德素质，就必须运用多种内容要素，发挥“合力”作用。这也要求思想政治教育的内容必须以整体的形态存在。

思想政治教育内容的整体性是由各个局部要素组成的，但并不等于这些要素的机械相加。各个要素通过合理的排列组合方式，可以使思想政治教育内容系统整体的功能大于这些要素本身功能的机械相加的总和。换言之，决定思想政治教育内容系统整体功能的不是组成系统的具体要素，而是系统的结构，即内容系统内部组成要素之间相对稳定的相互联系和相互作用方式。结构越合理，内容系统产生的效益越大，整体功能就越优化。因此，在确定思想政治教育的内容时，不仅要着眼于哪些要素是符合要求的，而且更重要的是要使教育内容要素结构合理。只有这样，教育内容才能较好地为教育对象所接受，发挥最大的作用。

（二）相关性原则

相关性原则指在确定实施教育的内容时，必须充分注意教育内容系统与外部环境之间以及教育内容系统内各要素之间的相互联系和相互作用。

第一，要注意教育内容系统与外部环境之间的相关联系和相互作用。思想政治教育内容系统是一个开放的系统，它存在于一定的环境之中并与各环境因素不断地进行着交换。

这里的环境，是思想政治教育内容系统存在和发展的全部外部条件的总和，包括思想政治教育大系统存在和发展的外部条件以及思想政治教育系统内除内容系统以外的各子系统。思想政治教育内容系统，正是通过与其所处的环境的相互联系和相互作用，从而发挥其特有功能的。这种相互联系和相互作用表现在多方面，例如，内容要既要受思想政治教育根本目标的制约，又受社会历史条件等环境因素的影响；既受到教育对象的思想政治状况的影响，必须与教育对象的实际状况相协调，又受到教育者的思想道德素质、认识能力和工作能力的制约，等等。只有注意使教育内容与各种环境因素密切联系、协同作用，才能将其有效地传授给受教育者，发挥其影响和作用。

第二，要注意教育内容系统内部各要素之间的相互联系和相互作用。如果说内容系统与环境的相互联系和作用，是实现思想政治教育内容功能的外部条件，那么，内容系统要素之间的相互联系和相互作用，则是形成思想政治教育功能的内部根据。在内容系统中，没有绝对孤立的“纯粹”要素，一切要素都互为中介，通过协同配合而连成一体。以理想、道德、法纪教育要素的关系为例，理想是用来确立人生的奋斗目标的，道德是用来规范人的行为的，崇高的理想和高尚的道德能使人树立正确的政治方向，激励人们的献身精神。而只有具备了正确的政治方向和献身精神，才能更好地遵纪守法，更好地工作和学习。遵纪守法既是社会主义道德的表现，又是实现崇高理想的保证。可见，各内容要素都是相互联系、相互制约的。只有使这些内容的教育相互作用、相互促进，才能保证它们各自的功能得到更好的发挥。

相关性原则要求教育者不仅要处理好内容系统与思想政治教育大系统及其子系统的关系，而且要从内容要素之间的相互联系、相互作用中去探求内容整体的作用效果。也就是要注意多方面内容要素的互相衔接、合理组合，确定每项内容所占的地位以及要素间相互配合的具体形式，从而更好地发挥内容系统要素相互作用的功能。例如，在我国改革进入攻坚阶段和发展进入关键时期的今天，就必须继续对人们进行改革开放的教育，以便为改革开放的顺利进行创造良好的精神条件。从相关性原则看，要使这一教育富有成效，就必须和其他方面的教育联系起来。为使人们深刻地认识继续加大改革开放的必要性，就要进行基本国情的教育；为帮助人们抵御改革开放过程中的消极因素的影响，就要进行坚持四项基本原则的教育、爱国主义的教育，等等。只有将改革开放的教育同其他方面的教育联系起来，使之相互衔接，相互作用，才能保证改革开放的教育取得预期成效，进而从一个方面促进改革开放向纵深方向发展。

（三）层次性原则

层次性原则指在构建思想政治教育内容系统时，要注意到它的层次性；在进行教育时要根据不同的教育对象确定、实施不同的教育内容。思想政治教育内容系统是由不同层次的要素构成的。世界观教育、政治观教育、人生观教育、法制观教育、道德观教育等要素组成思想政治教育内容体系，同时它们各自又由一些具体要素组成，这些具体要素有的又包括更小的要素。例如，党的基本路线的教育就包括坚持四项基本原则的教育、坚持改革开放的教育、坚持以经济建设为中心的教育等；理想教育包括共产主义理想教育、共同理想教育、近期的具体理想教育等。这种体现内容及其要素领属关系、从属关系和相互作用的结构形式，就构成了思想政治教育内容系统的层次性。认清思想政治教育内容系统的层次，对于发挥内容系统的整体功能具有重要意义。在思想政治教育内容系统中，每个层次的要素都有从系统中分解出来的目标。即使是同一层次的要素，也都既相互联系，又相互区别，各具功能。因此，进行思想政治教育，必须处理好各个要素之间的功能联系，通过权衡确定每个要素应担负的使命。只有这样，思想政治教育内容系统的整体功能才能得到更好的发挥，思想政治教育也才能收到更好的效果。

明确思想政治教育内容系统的层次性，有助于思想政治教育者针对不同教育对象实施不同层次的教育内容，把思想政治教育的先进性要求和广泛性要求结合起来，使不同层次教育对象的思想道德素质都有所提高。人的思想品德的形成和发展是一个循序渐进的过程，思想政治教育内容相应地也应循序渐进，即从较低层次向较高层次发展。这一规律要求我们要从实际出发，使教育内容的层次与教育对象的层次保持动态的联系，从而保证思想政治教育的内容系统发挥其应有的作用。

（四）目的性原则

目的性原则指思想政治教育的总体内容和每一项内容的实施，都必须有明确的目的性。思想政治教育内容系统是由若干要素组成的，这些要素本身都有明确的目的。例如，党的基本路线的教育是要使教育对象对党的路线方针政策产生认同感，并自觉地为建设和谐社会贡献力量；远大理想的教育是要帮助教育对象树立共产主义远大目标，并努力为实现这一目标而奋斗等。在内容系统中，不允许存在没有明确目的的要素，因为这样的要素，会使内容系统产生内耗，影响内容系统功能的发挥。内容系统各组成要素都有自己明确的目的，不等于内容系统有多个目的。思想政治教育的内容系统只有一个目的，那就是全面提高教育对象的思想道德素质。各要素的目标都是这个目的的展开或具体体现，都必须与这个目的相一致。

目的性原则要求思想政治教育者一定要正确把握教育内容系统的目标，使之与思想政治教育的总目标一致。同时又要善于把内容系统的目的分解到各个要素上去，使每个要素的目标都能与具体的工作、生活紧密联系起来，与内容系统的目标构成一个协调一致的目标体系，从而使教育对象逐步实现各个层次的目标，最终实现思想政治教育大系统的总目标。

（五）重点要素原则

重点要素原则指在确定教育内容时，要把作用相对较小的要素放到次要位置，把作用相对较大的要素放到主要位置，从而突出重点要素。如前所述，思想政治教育内容系统的要素是既相互联系又相互区别的，因此，它们在思想政治教育过程中发挥的作用也是不同的，必须善于突出重点要素。思想政治教育内容的重点要素不是固定不变的，它与社会历史条件、教育对象的思想品德状况、各地区或各单位的特点、某一时期带有普遍性的思想倾向等因素密切相关。也就是说，这些因素不同，思想政治教育的重点内容就应该有所区别。总之，确定思想政治教育的重点内容，必须考虑包括上述因素在内的多方面因素，既要考虑教育对象实际接受能力的差别，又要考虑同其他相关要素相协调；既要使重点要素突出，又要兼顾全局，从而使整个内容系统的功能得到最好的发挥。

第二节　思想政治教育原则的特征和依据

思想政治教育原则是思想政治教育客观规律的主观反映，是教育者从事思想政治教育活动所必须遵循的基本准则。做好思想政治教育工作，提高思想政治教育效益，除了要明确思想政治教育的目的、任务、内容外，还必须在教育活动中遵循思想政治教育的原则。

一、思想政治教育原则体系的特征

思想政治教育原则为人们规定了从事思想政治教育活动的基本标准或规则，对思想政治教育活动的有序进行具有重要意义。思想政治教育需要处理多方面的复杂关系，开展多方面的活动；处理不同的关系需要遵循不同的准则，在不同的活动中也有相应的准则必须遵守，因而思想政治教育原则是多元的。这些不同的原则相互联系、相互协同，构成思想政治教育的原则体系。作为思想政治教育的子系统，思想政治教育的原则体系具有与其他子系统不同的一些特征。

（一）整体性

思想政治教育原则体系是一个由不同层次原则构成的丰富而完整的体系，具有整体性特征。

首先，思想政治教育原则体系是以思想政治教育规律作为贯穿始终的客观依据而构建起来的，各原则层次之间和各具体原则之间相互联系、相互作用、相互补益，构成具有紧密内在联系的整体。上一层次原则对下一层次原则具有规范、指导作用，下一层次原则在某种意义上讲是上一层次原则的具体化，又对上一层次原则产生一定的影响。如果对此认识不足，对思想政治教育原则的把握和运用就有可能出现偏误。

其次，思想政治教育原则体系的整体功能大于各个具体原则功能的简单加和。思想政治教育原则体系由从属层次、关联层次及运行层次等层次的众多具体原则构成，但并不等于这些原则功能的简单相加；这些原通过相互联系、相互作用而使思想政治教育原则体系产生主体功能，即保证思想政治教育的性质和方向，指导教育者正确选择教育内容和方法，采取正确的教育行为等。因此，在运用思想政治教育原则时不能顾此失彼，而应充分考虑其相互协同作用，对其进行综合运用，以充分发挥整体效应。

认清思想政治教育原则体系的整体性特点，有助于我们全面认识并把握思想政治教育原则体系，充分发挥其整体功能。

（二）层次性

思想政治教育原则体系可依照由整体到局部、由一般到个别的次序，分层次加以排列，每一层次原则都在一定的范围内和条件下起作用，都有自己特殊的功能和意义。例如，从属层次的原则反映了思想政治教育与经济基础和上层建筑之间的本质联系，是处理两者关系的基本准则；关联层次的原则反映了思想政治教育与其他社会子系统之间的紧密联系，是处理思想政治教育与经济工作、管理工作等平行子系统之间关系的基本准则；运行层次的原则反映了思想政治教育系统各要素之间的内在关联，是处理思想政治教育各要素之间关系的基本准则。三个层次的原则区分明显，有主次之分，呈现出明显的层次性。即使是同一层次中的各个具体原则也有主次之别，表现出一定的层次性。例如，在关联层次原则中，求实原则体现了正确思想路线的要求，对同一层次的其他原则具有指导意义，同一层次的其他原则基本上是这一原则的展开和具体化。再如，在运行层次原则中，民主原则涵盖面宽，具有总的指导意义，同层次的其他原则在某种意义上讲都是民主原则的具体化，因而带有基本原则的性质。

（三）辩证性

辩证性指人们对思想政治教育原则的认识和把握既具有绝对性又具有相对性，是绝对性和相对性的统一。

首先，思想政治教育原则体系是人们在辩证唯物主义和历史唯物主义的指导下对思想政治教育的客观规律主观认识的产物。它和其他真理性认识具有共同的特征，即绝对真理与相对真理的辩证统一。人们对思想政治教育规律和反映这一规律的思想政治教育原则的认识具有绝对真理性的成分，这种认识每向前一步，都意味着我们对思想政治教育原则的认识达到了一个新水平。随着思想政治教育实践的发展和人们认识能力的提高，对思想政治教育原则认识的水平从总体上说在不断提高。但由于思想政治教育是一个不断发展的过程，新事物、新情况、新问题层出不穷，人们对思想政治教育的规律和原则的认识总是有局限、不全面的，加上不同认识主体的认识能力、认识水平存有差异，因而人们对思想政治教育规律和原则的认识又具有相对性，这也是关于思想政治教育原则存在一些不同意见的重要原因。

其次，思想政治教育原则的划分具有相对性。将思想政治教育原则划分为不同的层次，是为了更深入地认识和把握原则，更好地运用原则开展思想政治教育活动。实际上，思想政治教育不同层次原则之间以及具体原则之间既有区别又有联系，对各个原则的认识不能绝对化，要看到它们之间的相容性、交叉性、衔接性。

最后，思想政治教育原则是对思想政治教育所涉及的各种关系的辩证抽象，只有深刻理解思想政治教育过程中的各种关系，对思想政治教育原则的认识和把握才能符合实际，避免片面性。例如，热情关怀与严格要求相结合的原则，有人片面强调前者而忽视后者；教育与自我教育相结合的原则，有人片面夸大自我教育的作用而否定思想政治教育的影响，不懂得真正的自我教育内在地包含着受教育者积极接受教育影响的自觉状态，等等。这在某种意义上，都是因对思想政治教育过程的各种关系把握不当、对思想政治教育原则的辩证性认识不清导致的。总之，思想政治教育原则是人们对思想政治教育规律的真理性认识，和其他真理一样，是绝对性和相对性的辩证统一。

（四）发展性

思想政治教育原则是在思想政治教育实践活动中形成和发展的一个多层次的动态体系，不是孤立、静止、僵死不变的。随着社会历史条件的变化、人们社会实践的发展，思想政治教育的新经验将得到不断总结，新规律将会不断被认知，反映这些规律的新原则将会不断出现。例如，过去竞争被看作资本主义社会所特有的东西，随着我国改革开放的深入和社会主义市场经济的发展，我们社会的各个领域都出现了竞争，促进了我国社会的发展。这情况使思想政治教育者认识到，要更好地开展思想政治教育并取得实效，就必须在思想政治教育活动中引入竞争，确立竞争激励原则，努力培养受教育者的竞争意识，否则，思想政治教育就会缺乏生气，难以适应社会主义市场经济建设的要求。只有在思想政治教育实践的不断发展中认识、把握和运用思想政治教育原则，才能避免认识上的僵化、实践工作中的机械，从而充分发挥思想政治教育原则的整体效应。

二、确立思想政治教育原则的依据

要正确把握并运用思想政治教育原则，必须明了思想政治教育原则确立的依据。根据马克思主义的观点，思想政治教育原则是从思想政治教育实践中抽象出来的，只有符合思想政治教育实际情况、反映思想政治教育规律要求的原则，才是正确可行的原则。可见，思想政治教育的客观规律是确立思想政治教育原则的内在依据。

规律是客观事物之间内在的、本质的、必然的联系。思想政治教育的规律就是思想政治教育过程中各种相关因素之间内在的、本质的、必然的联系或者关系。思想政治教育原则及原则体系是由这一联系或关系决定的。思想政治教育全部活动所涉及的关系主要包括以下三个层次：一是思想政治教育系统与经济基础、上层建筑之间的关系；二是思想政治教育系统与经济工作、行政管理工作、文化教育工作以及人们日常生活等社会平行子系统之间的关系；三是思想政治教育系统内部各构成要素，即思想政治教育者、教育对象、教育目标、教育内容、教育载体、教育方法等各子系统之间的关系。这三个层次的关系构成了思想政治教育的关系体系。思想政治教育的原则正是根据这一关系体系所确定的。

（一）思想政治教育系统与经济基础、上层建筑之间的关系

从思想政治教育系统与经济基础、上层建筑之间的关系来看，思想政治教育是社会上层建筑的有机组成部分，是意识形态的重要内容之一，与经济基础和上层建筑的其他部分处于相互联系、相互作用之中。思想政治教育是经济基础和上层建筑其他部分的反映，为经济基础和上层建筑的其他部分所决定，同时又反作用于经济基础和上层建筑的其他部分，并为其服务，因而思想政治教育具有鲜明的党性和阶级性。任何阶级社会的思想政治教育都必须与该社会的经济基础和上层建筑相一致并为其服务，都必然要向社会成员灌输反映经济基础和上层建筑的主流意识形态。思想政治教育与经济基础和上层建筑之间的这种本质联系，决定了思想政治教育原则体系的性质和方向。依据这种本质联系而确立的思想政治教育原则主要有方向原则，这一原则在思想政治教育原则体系中占有特殊地位，具有特别重要的意义。

在建设中国特色社会主义的实践中进行思想政治教育，首先应该坚持把正确的政治方向放在第一位，以马克思主义中国化的最新成果作为思想政治教育的根本指针，以社会主义核心价值体系作为思想政治教育的中心内容，引导社会成员坚持党在社会主义初级阶段的基本路线、基本纲领、基本政策，牢固树立正确的世界观、人生观、价值观，从而为社会主义现代化建设提供精神动力，为巩固和发展社会主义经济基础和上层建筑服务。这就是现阶段思想政治教育坚持正确的政治方向的具体体现。如果思想政治教育不能为党在社会主义初级阶段的基本路线服务，便违背了社会主义经济基础和上层建筑的本质要求，就会出现方向性问题，失去其存在的价值。

（二）思想政治教育系统与社会平行子系统之间的关系

从思想政治教育系统与社会平行子系统之间的关系来看，思想政治教育系统与经济工作、文化工作、教育工作、行政管理工作等系统的关系是一种平行融合关系。思想政治教

育系统既不是一个孤立的自我封闭的系统，也不是一个仅仅与经济基础、上层建筑发生纵向联系的系统，而是一个与其他社会子系统有着纵横交错的复杂联系的相互交融的开放系统。从横向看，思想政治教育系统与社会各平行子系统相互联系、相互作用、相互促进，都以各自特殊的作用和方式共同服务于一定的经济基础和上层建筑。

思想政治教育系统和其他平行子系统之间的这种关系，首先是由我国的社会主义性质所决定的。我国社会主义经济基础和上层建筑，决定了经济工作、文化工作、教育工作、行政管理工作的性质和方向，要求社会各方面活动都要有利于社会的稳定、经济的发展、公民思想道德素质的提高。因此，必然要求思想政治教育系统对其他子系统发挥"生命线"的作用，为它们提供精神动力、方向保证；也要求社会各平行子系统主动接受思想政治教育的影响，并通过各自的工作强化思想政治教育对社会成员的积极影响。

其次，这种关系也是由人的思想品德发展规律和思想政治教育自身的特点所决定的。人的思想品德是在社会实践的基础上，在包括经济工作、文化工作、教育工作、行政管理工作和日常生活在内的多种因素的影响下形成、变化和发展的，是这些因素共同作用的结果。思想政治教育只是影响人的思想品德形成发展的外部因素之一，必须与社会其他平行子系统相协调、相一致，才能充分发挥其育人作用。为了充分发挥思想政治教育的作用，有效提高人们的思想道德素质，思想政治教育要不断与外界特别是与其他各平行子系统进行沟通和交流，使思想政治教育融入社会的各子系统中去，以便对教育对象形成全方位的积极影响；同时，还应主动协调包括经济工作、文化工作、教育工作、管理工作等在内的对人们思想品德发生作用的众多的教育途径和影响，努力促使其形成最大的"正合力"，以不断提高教育对象的思想道德素质。

综上所述，思想政治教育系统与社会各平行子系统之间有着紧密的内在联系。思想政治教育系统对其他平行子系统发挥着极为重要的促进保证作用，各平行子系统也为思想政治教育提供赖以存在和发展的条件以及载体和实践场所等。依据思想政治教育系统与各平行子系统相互依存、相互作用的关系所确立的思想政治教育原则，可称为关联层次的原则，主要有求实原则、渗透原则、激励原则等，它们都是各平行子系统间的本质联系和平行融合这一规律的反映或具体表现。

（三）思想政治教育系统内部各构成要素或各子系统之间的关系

从思想政治教育系统内教育者、受教育者、教育目标、教育内容、教育载体、教育方法等各子系统之间的关系来看，它们之间是一种相互联系、相互作用、协调运行的关系。根据系统论观点，系统是由相互联系的要素（子系统）按一定的结构组成、具有整体功能的统一体。只有明确系统内部的构成要素并把握各要素间的相互关系，才能推动系统的正常运行和整体发展。思想政治教育过程就是不断解决这几个子系统之间的矛盾并使之协调运行，从而最大限度地发挥思想政治教育系统整体功能的过程。依据思想政治教育系统内各子系统之间的本质联系而确定的思想政治教育原则，可称为运行层次的原则，主要有民主原则、示范原则、层次原则等。

第三节 思想政治教育的主要原则

如前所述，思想政治教育原则是由多层次原则相互联系、相互作用而有机构成的一个系统，其具体原则数量繁多，难以尽述。这里着重探讨那些贯穿思想政治教育全过程、在教育活动的各个阶段、各个方面都起指导作用的主要原则。

一、方向原则

方向原则指全部思想政治教育活动要始终与社会发展的要求相一致，坚持正确的政治方向不动摇。这一原则反映了思想政治教育的本质要求和基本规律，是思想政治教育的根本原则。当前，方向原则主要体现为思想政治教育要旗帜鲜明地坚持社会主义和共产主义方向，坚持党的基本路线要与中国共产党的纲领与宗旨相一致。党的根本目的是实现共产主义，近期目标是全面建成小康社会、全面建设社会主义现代化国家，党的根本宗旨是全心全意为人民服务。这一目标和宗旨反映了我国社会发展的根本要求。思想政治教育就是要以此为方向，既要对人们进行现阶段党的路线、方针、政策的教育，又要进行共产主义理想的教育，引导人们树立全心全意为人民服务的思想。思想政治教育既要引导人们认真踏实地做好本职工作，为现代化建设尽心尽力，又要引导人们将自身的工作与社会发展的目标联系起来，帮助人们坚定共产主义信念，从而为中国特色社会主义的发展和向共产主义的过渡创造物质和精神条件。

（一）坚持方向原则的意义

坚持方向原则对我国思想政治教育活动具有非常重要的意义。首先，只有坚持这一原则，才能保持无产阶级思想政治教育的本质特色。无产阶级思想政治教育与其他任何阶级思想政治教育的本质区别就是它的共产主义方向，坚持这一方向，就能保证我国高思想政治教育的社会主义特色。其次，坚持方向原则才能统一人们的思想与行动，充分发挥思想政治教育的作用。明确的政治方向是统一人们的思想、协调思想政治教育各方面的力量、使之同向发挥作用的重要保证。因此，思想政治教育要把坚持正确的政治方向放在首位。最后，坚持方向原则是实现思想政治教育价值的根本要求。思想政治教育价值的实现与否，必须以教育目的的实现程度和方向原则贯彻的程度来衡量。

（二）坚持方向原则的方法

要在思想政治教育过程中坚持社会主义方向，首先就必须始终坚持以马克思主义、毛泽东思想、中国特色社会主义理论体系作为思想政治教育的指导思想。马克思主义理论正确地反映了自然、社会和人类发展的客观规律，集中地代表了无产阶级和人民群众的根本利益。只有以此为指导，才能使思想政治教育真正做到阶级性与科学性的统一，理论与实践的统一；才能在建设中国特色社会主义的过程中，增强自觉性，减少盲目性，真正沿着社会主义方向前进。

其次，提高贯彻思想政治教育方向原则的自觉性。要使思想政治教育者认识到，坚持思想政治教育的共产主义方向，是有效开展思想政治教育活动的根本保证，因而在实际工作中要自觉运用这一原则，将其精神贯穿在具体的思想政治教育的活动中。同时，也要帮助受教育者认识到，坚持正确的政治方向，有利于个人的全面发展，有利于政治与业务的统一，有利于红与专的统一，德与才的统一，因而要坚持向共产主义方向前进。

最后，贯彻方向原则须讲究科学性。要很好地贯彻方向原则，就必须将坚定的原则性与方法的灵活性结合起来，努力使思想政治教育自然地渗透到社会生活的方方面面，从而潜移默化地影响人。要努力探寻方向性原则与思想政治教育具体目标之间的契合点，并以方向原则统摄各种具体目标，使共产主义方向成为思想政治教育的灵魂。

二、求实原则

求实原则指思想政治教育要始终坚持一切从实际出发、理论联系实际、实事求是的思想路线和原则。求实原则体现了马克思主义的精髓，是思想政治教育的基本原则之一。在思想政治教育过程中坚持求实原则，就是坚持思想政治教育的目标和要求必须符合社会发展的客观规律，而不是违背其客观规律，单凭自己的主观愿望行事，这是求实原则最基本的要求。具体来讲，就是要立足于教育对象的思想实际和思想政治教育的客观实际，通过调查研究，搞清楚思想政治教育内部及其与外部的联系，从中探寻思想政治教育的内在规律，以此指导思想政治教育活动，以提高思想政治教育的针对性和实效性。

（一）坚持求实原则的意义

坚持求实原则对思想政治教育具有重要的现实意义，坚持从社会生活和人们的思想实际出发进行思想政治教育，避免主观性和盲目性，是思想政治教育的基本要求，求实原则就较好地体现了这一要求。切实贯彻求实原则，就能使思想政治教育更好地贴近人们的思想实际，落到实处，并取得较好的效果；反之，就会导致思想政治教育“空对空”或“自说自话”。过去以及今天一些地区或单位的思想政治教育之所以效果不佳，一个重要的原因就是脱离社会生活实际、脱离学习和工作的实际、脱离受教育者的思想实际，教育者在那里“一厢情愿”地说大话，说空话。这从反面告诉我们，思想政治教育要取得实效，确实发挥作用，就应该从受教育者的思想实际出发，从社会生活的实际出发，按照教育对象的不同层次、不同的思想觉悟和认识水平，采取灵活多样的教育方式和手段，有针对性地开展教育工作。

（二）坚持求实原则的方法

坚持求实原则，首先要有强烈的求实精神。思想政治教育者应该做到不唯上、不唯书、只唯实，也就是说，要深入实际，调查研究，努力探求教育对象和思想政治教育实际的“真相”，努力追求思想政治教育的实效；要诚实守真，在任何情况下都说实话办实事，不隐讳问题或错误，不弄虚作假，不做表面文章，不搞“花架子”。

其次，要切实将理论与实际结合起来。思想政治教育者要认真学习马克思主义的基本理论，掌握唯物辩证法的精髓并将其贯彻到具体工作中，力求做到主观与客观相统一、认识与实践相结合，因人制宜、因事制宜、因时制宜、因地制宜地开展教育活动，以增强思想政治教育的针对性和有效性。

再次，要注意方法。“求实”就要调查研究，“求是”就要分析推理，而这都离不开科学的方法。没有科学的方法，求实原则是难以真正落实到思想政治教育中的。思想政治教育者要努力学习并掌握辩证唯物主义方法论，认真钻研现代科学所提供的各种方法，以提高坚持求实原则的科学性。

最后，要坚持与时俱进。“求实”内在地要求思想政治教育者要与时俱进，因为社会在不断地向前发展，客观情况经常在发生着变化，教育对象的思想也在不断地发展变化，因而教育者要注意不断地对思想政治教育的内容、形式、方法等进行调整，使之与不断变化的实际情况相协调。为此，教育者要特别注意用发展的观点在动态中分析和把握各种思想现象，通过现象抓住本质，探求规律，从而使思想政治教育活动常变常新。可见，只有坚持与时俱进，才能更好地坚持求实原则。

三、民主原则

民主原则指全部思想政治教育活动应该体现和落实人民是国家的主人这一社会主义制度的本质特征，应该在思想政治教育中发扬民主精神，坚持民主作风和民主方法。马克思主义认为，民主就是人民主权、人民意志的实现，就是人民自己创造、自己建立、自己规定国家制度，并运用这种国家制度决定自身的事务。从这个意义上说，思想政治教育就是人民的自我教育。因为无论是教育者还是受教育者，都是人民的一部分，思想政治教育是在人民内部进行的，并没有一个外在的人民主体来“教育人民”。由此可见，思想政治教育民主原则的实质内容，就是要在思想政治教育过程中，体现、尊重人民群众的主人翁地位，保障人民群众的民主权利，尊重教育对象的人格，创造条件让教育对象充分发表自己的意见并加以正确的引导，以培养教育对象的民主精神，为建设社会主义法治国家创造充分的条件。

（一）坚持民主原则的意义

在思想政治教育过程中坚持民主原则，是由社会主义制度的性质所决定的。社会主义制度，从本质上来说就是一种民主制度，社会主义的权利主体是人民，发展民主是社会主义的本质要求，没有民主就没有社会主义。社会主义的核心内容，是人民当家做主。社会主义的政治、经济、文化等一系列制度，都是建立在以人民当家做主为核心的社会主义民主制度基础上的。这一性质决定了我们进行思想政治教育，必须坚持民主、平等的原则，坚持民主集中制和群众路线。对于民主原则，我们必须要有一个完整的理解。在思想观念层面，它是指民主观念、民主精神；在行为方式层面，它是指民主作风、民主的工作方法。因而把民主原则简单地理解为“让人讲话”“让各种意见和观点充分讲出来”是不够的。民主原则强调的是思想政治教育本质上是人民群众民主权利的一种体现，是人民群众自我教育、自我实现、自我提高的过程；教育者本身就是人民群众的一员，而不是高高在上的救世主和精神导师。因此，在具体的教育过程中，教育者对教育对象只能坚持双向交流，说服教育，循循善诱，以启发他们的觉悟，帮助他们团结起来为自己的利益而奋斗。从这个意义上说，民主原则也是思想政治教育的一个基本原则。

坚持民主原则，是由思想政治教育的特点和规律决定的。思想政治教育的对象既是思想政治教育的客体，在某种意义上，又是思想政治教育的主体。任何教育只有经过受教育者的内化才能发生作用，只有调动受教育者的积极性使其主动接受教育影响，教育才能产生好的效果，这是思想政治教育的特点和规律的重要表现。这一特点要求在思想政治教育中必须坚持民主原则，尊重和维护受教育者的主人翁地位，营造一种民主的环境和氛围，只有这样，才有可能发挥受教育者的积极性、主动性和创造性，思想政治教育才能确实有效。从现实的情况来讲，改革开放以来，我国社会主义民主和法治建设不断深化，不断发展，人们的民主意识、主体意识、平等观念普遍增强因而思想政治教育与过去相比更需要贯彻民主原则，以适应时代的要求，从而推进社会主义民主政治建设。

坚持民主原则也是由思想政治教育所要解决的矛盾的性质所决定的。思想政治教育所要解决的基本矛盾是社会发展的客观要求同人们实际的思想品德水准之间的矛盾。这一基本矛盾及其制约下的具体矛盾都属于人民内部的矛盾，不具有对抗性质。思想政治教育所要解决的问题也主要是属于思想性质的问题。而凡属于思想性质的问题、凡属于人民内部的争论问题，只能用民主的方法去解决，只能用讨论的方法、批评的方法、说服教育的方法去解决，而不能用强制的、压服的方法去解决。这就决定了在思想政治教育过程中必须坚持民主原则。

（二）坚持民主原则的方法

在思想政治教育过程中坚持民主原则，应力求做到：首先，要正确理解民主原则。如前所述，民主不仅指民主作风、民主方法，更重要的是指民主精神、民主观念、民主制度。思想政治教育者要有较强的民主意识，全面把握和运用民主原则，在具体工作中充分发扬民主精神。教育者必须清醒地认识到自己也是人民群众中的一员，是与教育对象完全平等的社会一分子，并无高高在上的特殊地位和特权。人民群众民主权利的实现是社会主义民主政治的应有之义，而不是任何人的赏赐与恩典，进行思想政治教育就是为了从一个方面维护和实现人民群众当家做主的民主权利。同时，还应认识到，民主原则是民主和集中的辩证统一。如果不讲民主，思想政治教育就会出现简单、粗暴、强迫命令、压制不同意见等现象，就有可能激化矛盾，甚至侵犯人民群众的民主权利。而对于社会上少数人中间出现的错误思想和行为一味地放任自流，放弃思想斗争，放弃原则，也不是真正贯彻民主原则，因为它会极大地破坏广大人民群众的根本利益，损害人民群众当家做主的民主权利，破坏社会的繁荣和进步。因而民主原则也内在地要求必须对错误思想、错误倾向开展批评和斗争。总之，只有全面正确地认识民主原则，才能在思想政治教育中运用好这一原则。其次，要畅通渠道，创造氛围，发扬民主，广开言路。思想政治教育者要采取各种措施，努力创造民主氛围，使人们敢讲真话，能讲真话，以平等的态度与教育对象交流思想，交换意见。只有使人们敢讲真话，能讲真话，思想政治教育者才能了解其真实情况，才能集思广益，也才能对受教育者加以正确地引导，通过满足他们的合理要求调动他们的积极性、主动性和创造性。

四、渗透原则

所谓渗透原则，指思想政治教育要融入经济工作、文化工作、管理工作等各方面工作乃至日常生活中去，结合各项具体工作的实际进行。人们一生中的大部分时间都是在工作中度过的，人们的物质需要和精神需要主要通过工作来满足，人们的思想问题往往与日常的工作、学习和生活紧密相连。因此，思想政治教育只有渗透到各方面具体工作中，融入学习和生活中，才能更好地满足人们的需要，才能及时发现问题并解决问题从而增强思想政治教育的针对性和时效性，促进各项工作正常有序地开展。

（一）坚持渗透原则的意义

坚持渗透原则具有重要的意义。首先，只有坚持渗透原则，才能形成思想政治教育的合力。思想政治教育渗透到各项具体工作中，结合各项具体工作去进行，就意味着思想政治教育不再是思想政治教育者的“独角戏”，而成为各项业务工作人员都需参与的工作，从而形成思想政治教育的综合作用力。其次，坚持渗透原则，有助于更好地发挥思想政治教育的效能。思想政治教育并不是一个孤立的系统，而是与经济、技术等工作以及人们的日常生活密切相连的。离开了经济工作与业务工作，思想政治教育就会失去依托，就会无的放矢，因为各项具体工作是思想政治教育的用武之地。思想政治教育者只有结合经济、业务等各项具体工作开展活动，才能及时了解教育对象的实际思想，才能有的放矢地做好工作，也才能确实避免思想政治教育与经济业务工作的“两张皮”状态。总之，思想政治教育只有与各项业务工作紧密地结合在一起，才能充分发挥它的作用。

（二）坚持渗透原则的方法

在思想政治教育中如何坚持渗透原则？首先，思想政治教育者必须强化结合经济业务工作开展思想政治教育活动的渗透意识，自觉将思想政治教育融入各项具体工作以及人们的日常生活中，以对人们实施全方位的教育影响。没有渗透意识或渗透意识不强，思想政治教育就难以与经济业务等工作结合在一起，“两张皮”现象就难以克服。其次，要加强协调，形成齐抓共管的教育格局，使各方面的教育力量形成合力。思想政治教育的任务仅靠少数专职思想政治教育者是无法完成的，必须依靠广泛的社会力量。

五、主体原则

主体原则是指思想政治教育者在开展教育活动时，应充分尊重教育对象的主体地位，注意调动其自我教育的积极性以实现思想政治教育目标的行为准则。在思想政治教育过程中，一般来讲，教育者是教育主体，受教育者是教育客体。但受教育者并不是被动地接受教育影响，他们在教育过程中也在不断进行着自我教育。从这个角度讲，受教育者也是思想政治教育的主体，在教育过程中发挥着重要的作用。思想政治教育对人的教育影响只有通过教育对象积极主动地接受并内化，才能真正地起作用。受教育者的主体能动作用是影响教育效果的一个极其重要的因素，因此，为提高思想政治教育效益，就必须坚持主体原则，充分发挥受教育者在教育过程中的主体作用。

（一）坚持主体原则的意义

首先，坚持思想政治教育的主体原则是由社会主义制度的本质要求所决定的。人民群众是创造历史的动力，是社会主义国家的主人翁。但人民群众只有在先进思想的指导下，才能更好地改造自然和社会，因而有必要对他们进行思想政治教育。然而，这种教育不是外在于人民群众的，而是在人民内部进行的。人民群众的思想觉悟是在社会主义现代化建设实践中，在对外部客观世界和自身主观世界的认识和改造过程中逐步提高的。在人民群众中，每个人的思想觉悟和认识水平，在程度上有高低，在时间上有先后，是参差不齐的。因此，在一定时期内，由先进分子对其他成员进行教育是一种必需的活动，但这在本质上仍然是人民群众自己教育自己的自觉活动，是人民群众主体性的一种表现。不存在一个独立于人民群众之外、高居于人民群众之上的所谓“教育者”和“救世主”。人民群众的教育和自我教育和相互教育是一致的，从这个意义上讲，受教育者当然也是思想政治教育的主体。社会主义国家的思想政治教育必须尊重人民群众的主人翁地位，充分发挥受教育者在教育过程中的主体能动作用。

其次，坚持主体原则是发展社会主义市场经济的迫切要求。在市场经济条件下，人们的利益、目标追求和思想观念日趋多元化，人们的自我意识日益增强，人们对生活的理解、对事物的看法很难寻求完全统一的答案；而现代传播媒介迅速发展，使人们的信息渠道来源更加广泛，更加多样，进而也使思想政治教育者在掌握信息上失去了过去曾经有过的优势。在这样的条件下，过去思想政治教育片面强调教育者的主体作用，单纯灌输现成结论的所谓“替代选择”方式，已经不能适应新形势的需要了，而必须采用“双向交流、引导选择”的新方式。这就要求在思想政治教育过程中，要尊重人们的民主、平等权利，引导人们进行自我教育，自主选择，努力提高人们对是非、善恶、美丑、正确与错误的辨别能力，从而提高人们自觉参加社会主义现代化建设和和谐社会建设的积极性。

最后，坚持主体原则是思想政治教育内在特质所要求的。思想政治教育活动是教育主体与教育客体的思想、情感的双向交流和沟通的活动；教育目的总是在教育者发挥主导作用和教育对象发挥能动作用以及两种作用相辅相成的过程中实现的。因此，应当辩证地看待思想政治教育的主客体关系。一方面，思想政治教育者的主导地位是不能被忽视的，尤其是中国共产党在思想政治教育过程中的核心领导地位是不能被动摇的。因为受教育者主体作用的发挥离不开教育者的指导，那种片面夸大自我教育的作用，否定教育者主导作用的观点是错误的。另一方面，我们又必须看到，教育者对教育对象提出的教育目标，最终还必须通过教育对象自己内在的思想矛盾运动才能达到，教育者是无法包办或代替的。因为教育者的“教育”对教育对象思想认识的提高只是必要的外因，而教育对象经过自身思想矛盾运动使思想认识得到转化和提高才是内因。只有当教育对象不仅能正确认识自己，评价自己，而且能自觉地按照社会要求进行自我教育，自我控制，主动向社会要求的方向发展，教育的目标才算达到了。任何教育，如果不能启发教育对象的自我教育，那是不会成功的。思想政治教育的这一特质，决定了教育者在教育过程中必须坚持主体原则。

（二）坚持主体原则的方法

坚持主体原则，具体如下：

第一，充分发挥教育者的主导作用。强调主体原则，并不是要否定和取消思想政治教育者的主导作用。在思想政治教育的全过程中，思想政治教育者的主导作用都是不可缺少的。实践证明，教育者的主导作用发挥得越好，受教育者的主体能动性就越能得到充分调动。因此，充分发挥教育者的主导作用，是贯彻主体原则不可缺少的重要一环。为了发挥教育者的主导作用，就必须采取多种措施加强对思想政治教育者的培训，以提高思想政治教育者的综合素质和工作能力；同时提倡教育者加强自我学习，自我修养，以身作则，率先垂范，从而为其主导作用的发挥奠定基础。

第二，提高受教育者自我教育的积极性、主动性、自觉性，着力培养受教育者的自我教育能力。著名教育家陶行知曾说过："教是为了不教。"其意是说通过教育使受教育者具有主体意识和自我教育的能力后，他们就可以通过自我教育而自我发展，达至教育目标。这正是思想政治教育主体原则的核心内涵。因此，在教育引导受教育者时，就要"授之以渔"，着力提高他们的自我教育能力，引发其自我教育的积极性、自觉性。为此，就要引导教育对象通过各种形式加强马克思主义理论的学习，引导他们积极投身于各种社会实践，在实践中受教育、长才干、增知识、做贡献，从而形成自我教育的能力。在受教育者自我教育能力的构成中，自我认识是起点，自我评价是尺子，自我监督、自我激励、自我控制是必要条件，自我调节是中介，只有全面提高这些方面的能力，才能达到自我完善的目的。通过长期而有效的思想政治教育，引导人们正确地认识自我，恰当地评价自我，科学地设计自我，合理地调节自我，自觉地规范自我，就能使其更自觉地进行自我教育，就能使教育对象实现知、情、意、信、行诸心理因素的和谐发展，形成良好的思想品德。

第三，注意将每个人自己教育自己与集体成员间的互帮互教结合起来。思想政治教育的主体性原则，既强调每一个受教育者的自我教育，又提倡集体成员之间的相互教育、相互帮助。这是因为自我教育和相互教育是相辅相成、不可分割的，一个健康集体的自我教育实际上既包括集体成员个体的自我教育，又包括集体成员间的相互教育。思想政治教育者应该善于通过集体去教育每一个人，着力提高整个集体的自我教育能力和水平，以此促成个体自我教育能力的提高。为此，思想政治教育者要善于发现、选择、培养好集体的领头人，以形成集体自我教育的核心。要在集体中营造良好的风气，为每个人自我教育能力的提高和思想品德的发展提供良好氛围。

第七章 思想政治教育的主客体和载体

第一节 思想政治教育的主体——教育者

一、思想政治教育者的特征

（一）阶级性

思想政治教育这一社会实践活动与阶级和国家相伴而生。马克思曾经指出：“统治阶级的思想在每一时代都是占统治地位的思想。这就是说，一个阶级是社会上占统治地位的物质力量，同时也是社会上占统治地位的精神力量。”因此，“他们在这个历史时代的一切领域中也会这样做，就是说，他们还作为思维着的人，作为思想的生产者进行统治，他们调节着自己时代的思想的生产和分配”。在夺取统治地位或维护和巩固本阶级统治地位的过程中，一定社会或阶级对其社会成员进行特定思想政治教育的重要性尤为突出。从这个意义上讲，思想政治教育是一种属于政治范畴的社会实践活动，具有强烈的阶级性。因此，在特定的阶级社会中，统治阶级最终决定着思想政治教育的领导者、决策者、组织者、发动者和实施者的地位。也就是说，在阶级社会中，思想政治教育者在某种意义上就是特定阶级（主要统治阶级）的代言人，具有鲜明的阶级性。

（二）主导性

思想政治教育者的主导性，是教育者在思想政治教育活动中，由其地位所决定的，发挥着重要的引导作用。虽然思想政治教育过程是一个教育者和教育对象之间相互影响、相互作用的过程，但两者在活动过程中所处的地位和所发挥的作用是不一样的。在思想政治教育过程中，教育者处于支配地位，起着主导作用。教育者设计并控制思想政治教育的整个过程，组织和引导受教育者参加思想政治教育活动，使受教育者逐步形成符合特定社会和阶级所要求的思想品德。

（三）客体性

一方面，思想政治教育者理所应当地具有“主体性”；另一方面，在特定的条件下，思想政治教育者也具有一定的对象性，呈现出客体性的特征。主要表现为：

第一，思想政治教育对象关注和审视着思想政治教育者及其教育活动。思想政治教育不是教育者单向认识和改造教育对象的活动，而是地位平等的思想政治教育主客体之间双向互动的过程。教育对象的主观能动性必然会促使其直接或者间接地关注和审视思想政治教育组织者、引导者的言行和思想，并对其采取效仿或者拒斥的态度。因此，在一定条件下，思想政治教育者及其教育活动又成为思想政治教育对象审视和被认识的“客体”，成为受教育者审视的对象。

第二，思想政治教育者是自我检查和反省的对象。某一活动的主体不仅能够将别的主体的活动作为自己活动的客体，还能够将自己和自己的活动作为对象性的存在，使之成为一种自己活动的客体。思想政治教育活动的主体也不例外。在思想政治教育活动中，教育者在进行自我认识、自我塑造和自我完善的过程中，自我就出现了“主我”和“客我”之分。所谓“主我”，是指在思想政治教育活动中处于支配地位，通过内化一定社会的思想品德要求，对教育者自身进行能动的认识、塑造和完善的自我；所谓“客我”，是指在思想政治教育活动中客观存在的处于被支配地位，接受教育者主体能动地认识、塑造和完善的自我。“主我”和“客我”的存在，使得思想政治教育者不仅具有主体的属性，而且具有客体的属性。

（四）超前性

所谓超前性，指思想政治教育者能够通过对时代脉搏的准确把握和社会发展方向的科学预测，开展超前的思想政治教育活动。超前性是思想政治教育的显著特征之一，时代和社会的不断发展必然要求人们的行为跟上时代的步伐，思想政治教育就需有一定的超前性：作为思想政治教育活动的组织者和具体落实者，思想政治教育者不仅要充当现实精神世界的启迪者，而且要通过开展超前性的思想政治教育活动，引导受教育者不断更新观念，使其不断提高思想政治素质，始终走在时代的前列。

二、思想政治教育者的主要职能

（一）传递职能

将“统治阶级的思想”转换为“占统治地位的思想”是思想政治教育在本质上所承担的重大功能之一。要想使“统治阶级的思想”顺利实现这一转换，思想政治教育者开展思想政治教育活动时必须与国家的意志相吻合，始终代表国家的意志，严格按照国家意志的要求进行，其主体性作用的发挥只能局限于社会主导价值体系规范的范围之内，从而决定和要求思想政治教育者在思想政治教育活动中，始终以统治阶级利益的维护者和代言人的形象出现。这就决定了在具体的思想政治教育活动开展的过程中，教育者向受教育者所传递的教育内容只能是统治阶级指定的思想理论体系，或者是按照思想政治教育目的和规律的要求对统治阶级思想理论体系的内容加以编制、转换之后的教育信息体系。

（二）教育职能

思想政治教育者的教育职能指思想政治教育者依据特定的思想政治教育目的，从教育对象的思想品德状况和身心发展规律出发，运用科学的思想政治教育方法，对教育对象施加影响，帮助其实现思想塑造、引导和转化，形成符合一定社会或阶级要求的思想观念、政治观点、道德规范。

通常来说，这种教育职能主要包括以下三个方面：一是制订计划，即依据一定社会或阶级的总体思想政治教育目标，从教育对象思想品德状况和身心发展规律出发，制订具体的思想政治教育计划；二是开展活动，即依据思想政治教育计划，精心组织教育对象开展理论讲授、政治理论讨论学习、参观访问等多种形式的思想政治教育活动；三是个别教育，即依据思想政治教育计划和教育对象的个体需要、个性特征等开展针对个别思想政治教育对象的教育活动。

（三）管理职能

作为思想政治教育者的职能之一，有效的管理不仅有利于规范教育者自身的行为，而且有利于规范整个思想政治教育的过程，从而在组织上和制度上为思想政治教育活动顺利有效地开展提供必要的保证。

一般来说，思想政治教育的这种管理职能主要包括以下三个方面：一是目标管理，指思想政治教育者在实施教育的过程中，动态地把握目标。二是组织管理，指思想政治教育者既要通过各种形式与措施确保思想政治教育目标的实施，又要控制各个实施思想政治教育的主体（包括组织、个人）进行教育的过程与教育行为，从而使思想政治教育落到实处。三是制度管理，指思想政治教育者要制定和落实各项规章制度，检查和反馈各项规章制度的实施情况，以增强思想政治教育的效果，保障思想政治教育的质量。

（四）协调职能

协调职能指思想政治教育者灵活运用多种手段，综合社会、学校、家庭和单位等多种力量和因素，以形成思想政治教育的合力。实践证明，受教育者优良思想品德的形成，离不开各种思想政治教育力量和因素相互之间的共同作用。教育者只有努力协调好各种思想政治教育力量和因素之间的相互关系，才能形成强大的思想政治教育“合力”，从而取得令人满意的思想政治教育效果。

一般来说，思想政治教育者的协调职能主要表现在以下三个方面：一是协调好学校、单位和社会团体等思想政治教育力量内部要素之间的关系，实现各种思想政治教育力量自身的一致或统一；二是协调好学校和家庭之间的关系，尽量减少家庭教育的盲目性，实现家庭教育与学校教育在方向上的基本一致；三是协调好单位与社会教育力量之间的关系，实现二者在教育方向上的基本一致；四是协调好教育者与受教育者个体之间的关系，创造良好的思想政治教育氛围。

三、思想政治教育者的素质

现代思想政治教育者的素质问题是思想政治教育实践中必须面对的现实问题，也是现代思想政治教育学中的重要问题。思想政治教育的实践经验表明，作为思想政治教育的主体，思想政治教育者的素质高低是决定现代思想政治教育成败的关键因素之一。

（一）现代思想政治教育者素质的含义

马克思认为："人直接地是自然存在物。人作为自然存在物，而且作为有生命的自然存在物，一方面，具有自然力、生命力，而这些力量作为天赋和才能，作为欲望存在于人身上；另一方面，人作为自然的、肉体的、感性的、对象性的存在物，同动植物一样，是被动的、受制约的和受限制的存在物。"可见，人只能改变而不能根本地取消自身的生理因素。从这个意义上说，人的素质首先是自然素质，也即生理素质或生物素质。

人具有自然属性，但人的根本属性是社会属性。人与其社会属性的相互适应，使人具有社会素质。

人还具有实践性。马克思主义认为，人不是靠单纯的意识活动，而主要靠人改造自然界的生产劳动即实践。人只有在劳动实践和创造的世界中才能直视自身。而人类的特性恰恰就是自由的有意识的活动。由此可见，人的素质不是先天就确定了的、静态不变的，而是在先天生理条件的基础上，在一定的客观教育环境的作用下，通过自我修养和社会实践活动逐步形成和发展起来的。

人除了具有自然性、社会性和实践性外，还具有精神性。人具有主观能动性，在社会实践中，其思想和意志都会随着社会实践的深化而不断提升和发展，精神力量也会随之不断提高。

基于上述分析，现代思想政治教育者的素质，是指以思想政治教育者的先天生理条件为基础，在客观环境和教育的作用下，通过思想政治教育者的自我修养和社会实践逐步形成和发展起来的较为稳定的基本品质。

（二）现代思想政治教育者素质的价值

思想政治教育工作能不能做好，能否取得好的效果，关键在人，即从事思想政治教育工作的人的素质。在思想政治教育过程中，教育者的素质将从不同的侧面体现出其作用与意义。

1.实现主导作用的保障

作为思想政治教育活动的主体，作为思想政治教育活动的组织者、策划者、实施者和调节者，思想政治教育工作者在思想政治教育过程中始终处于主导地位，发挥着主导作用。一方面，他们是一定社会思想品德要求的代表者，担负着把社会思想品德要求教授给受教育者的责任；另一方面，思想政治教育又有着广泛的社会性，需要广泛的参与者。在推动全员参与、齐抓共管的思想政治教育新局面的形成方面，思想政治教育工作者和思想政治工作职能部门担负着主要任务。这就要求不断切实加强思想政治教育队伍的建设，提高思想政治教育队伍的整体素质。思想政治教育队伍的素质高、信念坚定、业务精湛，是体现其主导地位、发挥其主导作用的基础。

总之，思想政治教育目标、任务、内容、过程、评估、领导等各方面能否得到贯彻落实，思想政治教育活动能否顺利进行，能否取得成效，在很大程度上取决于思想政治教育者素质的提高。全面提高教育者的素质是做好思想政治教育工作的重要保证。

2.思想政治教育性质和方向的保障

思想政治教育把坚定正确的政治方向放在第一位，用马克思主义、毛泽东思想、中国特色社会主义理论体系和党的路线、方针、政策武装人们的头脑，组织和动员人们为实现党的基本路线而奋斗。在现实生活中，坚持社会主义正确方向的一个重要方面，就是必须靠马克思主义思想政治教育去引导人们树立坚定的社会主义信念，使人们在复杂的国内外形势面前不动摇，坚持社会主义道路。在这一过程中，思想政治教育者的素质（包括理论水平、政策水平、工作水平）状况，便直接关系着思想政治教育的先进性和正确方向。这在根本上决定了要把提高教育者的素质放在突出的位置上。

3.思想政治教育成效的保障

思想政治教育实效性的取得，既要依靠真理的力量，又要依靠人格的力量。从某种意义上说，思想政治教育者的素质就是真理和人格力量的集中体现。一方面，由思想政治教育的阶级性所决定，我国现阶段思想政治教育者所开展的思想政治教育活动，必须从实际出发，客观真实地反映事物的本质和社会发展的规律，始终坚持马克思主义理论体系和党的路线、方针、政策的指导；另一方面，思想政治教育者又必须言行一致，以身作则，率先垂范，带头实践自己所宣传、提倡的内容。

（三）现代思想政治教育者素质的基本内容

思想政治教育者的素质，随着时代的变化、形势的要求、思想政治教育任务的变化以及科学技术的发展，必然会不断地发生变化。但是，一般来说，思想政治教育者的素质主要体现为思想政治教育者在政治、思想、道德、知识和身心等方面的素质。

1.政治素质

总体来说，政治素质是一种特殊的素质，是人们为实现本阶段根本利益而进行各种精神活动和实践活动的特定素质。具体来讲，政治素质是教育者从事思想政治教育活动所必须具备的政治条件和政治素质，能够综合反映思想政治教育者的政治立场、政治观念、政治品德、政治鉴别力以及政治敏锐性等方面的实际状况。政治素质在思想政治教育者的所有素质中居于核心地位，对教育者的其他素质起着支配、决定的作用，是其他素质的统帅和灵魂。对于一名合格的思想政治教育者来说，政治素质是最基本、最重要的素质。这种政治素质的具体内容是多方面的，主要包括以下内容：

第一，坚定的政治立场。政治立场指人们在观察和处理问题时，所处的根本政治地位和所持的根本政治态度。所谓思想政治教育者坚定的政治立场，是指思想政治教育者在思想政治教育过程中观察和处理问题时，要始终站在党、国家和广大人民群众的立场上，坚持四项基本原则和党的路线、方针、政策，与党中央始终保持高度一致，代表最广大人民群众的根本利益，全心全意为人民服务。在社会生活中，政治立场问题是根本性的问题。

第二，优良的政治品质。政治品质指人们在政治问题上的行为、作风以及所表现出来的思想、认识和品性。思想政治教育者的优良政治品质主要表现为：忠于党、人民和社会主义祖国，对党负责与对人民负责高度统一，坚持原则、实事求是，廉洁奉公、无私奉献，襟怀坦荡、光明磊落，言行一致、表里如一，追求真理、探索真理、捍卫真理、服从真理。思想政治教育者的政治品质极为重要，它不仅是个人的党性修养问题，而且是直接关系到思想政治教育成效的一个大问题。只有具备良好的政治品质，才有可能把教育对象团结、吸引在自己的周围，按照党和国家指引的方向，带领大家一道前进。

第三，优异的政治水平。政治水平指人们在政治问题上辨别是非、实际处理各种政治问题的能力以及对政治问题的敏感性等方面的状况。思想政治教育者的政治水平是思想政治教育者将马克思主义理论水平与自身的政治经验、政治觉悟结合起来，经过长期的有意识的实践与磨砺的成果。一般来说，人们的马克思主义理论水平越高，其政治水平也会相应地越高。当然，思想政治教育者的政治水平究竟如何，还与其自身的政治经验、政治觉悟有着密切的联系。

第四，切实的政策水平。政策水平指人们对党在一定历史时期为实现一定目标所确立的纲领、任务、行动准则的认识、理解和执行的能力状况。政策和策略是党的生命。思想政治教育者要认真履行思想政治教育活动所赋予的职责，必须勤于学习政策、准确理解政策、坚决执行政策。

2.思想素质

思想素质受政治素质的影响和制约，同时又影响政治素质的形成。思想政治教育者的思想素质主要包括正确的思想意识、科学的思想方法、严谨的思想作风等。

第一，正确的思想意识。人们根据能否如实地反映客观事物的状态、性质、变化规律等本来面目，将意识区分为正确的思想意识和错误的思想意识。建立在对人类社会发展规律、社会主义建设规律以及共产党执政规律深刻认识基础之上的正确的思想意识，指导着人们实践活动的有效开展，对客观事物的健康发展起着积极的促进作用。正确的思想意识是思想政治教育的重要内容。在思想政治教育过程中，思想政治教育者要将社会主义思想意识和马克思主义科学理论等正确的思想意识灌输给教育对象，自己首先必须坚决维护马克思主义的指导地位，掌握马克思主义科学体系，树立正确的思想意识。

第二，科学的思想方法。思想方法是解决人们的思想认识问题的根本。思想方法是否科学，对于各项事业的兴衰成败具有决定性意义。科学的思想方法就是以马克思主义哲学为基础，用系统的观点、全面的观点、联系的观点、发展的观点认识和处理问题的手段与行为方式。科学的思想方法主要有实事求是、调查研究、矛盾分析、系统分析、理论与实践相结合等方法。重视运用科学的思想方法，不仅是我们党在解决中国的实际问题的过程中不断取得革命、建设和改革胜利的宝贵经验，也是搞好思想政治教育的基本要求。思想政治教育者要认真学习和掌握辩证唯物主义和历史唯物主义，牢固树立科学的世界观和方法论，不断培养和运用科学的思想方法。

第三，严谨的思想作风。所谓作风，指人们在思想、工作和生活等各方面所表现出来的较为稳定的态度和行为风格。思想作风，则是人们在思维方式、思想观念、意识形态等方面所表现出来的较为稳定的态度和风格。严谨的思想作风有助于推动思想政治教育的有效开展。思想政治教育者的思想作风主要包括一切从实际出发、尊重客观事实和客观规律、实事求是的作风，关心尊重他人、紧密依靠群众、密切联系群众的作风，脚踏实地、务实进取的作风等方面。

3.道德素质

所谓道德素质，指个人在道德教育、道德修养以及社会环境的影响下所形成的，通过一定的道德行为反映出来的、较为稳定的、能长期发挥作用的、内在的特点和倾向。思想政治教育的一个重要途径，就是教育者要以自己的人格魅力去影响受教育者。这里的“人格魅力”，在很大程度上，指的就是思想政治教育者的道德素质。从现实来看，思想政治教育者的道德素质主要包括以下内容：

第一，科学的道德认知。道德认知指人们道德印象的获得、道德观念的形成和道德思维能力的发展等对现实道德关系和道德规范的认识。道德认知是道德行为和道德习惯的先导，是思想政治教育者道德品质形成和发展的最基本条件。思想政治教育者要形成良好的道德素质，必须要有科学的道德认识。只有对道德规范在社会现实生活中的重要意义有了正确的理解，对社会主义道德理论、原则和规范的深刻内涵和作用有了正确的认识和了解，对社会主义道德的高尚性和先进性以及当前建立社会主义社会道德关系的必要性与必然性有了正确的认识，才能为良好道德素质的形成奠定坚实的基础。

第二，高尚的道德信念。道德信念指人们基于一定的道德认知，在道德情感的影响下，对道德义务履行的责任感和对道德理想、道德原则和道德规范的确信。道德信念在思想政治教育者的道德品质形成和发展过程中居于主导地位，是构成道德品质的主要因素和道德认识转化为道德行为的重要精神力量。一般而言，强烈的道德情感体验和经过反复道德实践验证后所确立的道德信念一经形成，与道德认识、道德情感和道德意志相比较，更具有综合性、稳定性和持久性的特点，不会轻易改变个人在道德行为中所表现出的坚定性和一贯性，成为人们行动的指南和进行道德判断的标准。所以，确立高尚的社会主义道德信念，是构成思想政治教育者道德素质的重要方面。

第三，无私奉献的道德品质。道德品质指人们在道德行为中所表现出来的相对稳定的、一贯的特点和倾向。全心全意为人民服务不仅是中国共产党的宗旨，而且是社会主义道德的核心。所以，一切从社会大局出发、从人民群众的根本利益出发，不计较个人名利，先人后己，大公无私，始终保持高度的社会责任感，认真履行自己所承担的各种责任和义务，是思想政治教育者最基本的道德品质。这种无私奉献的道德品质是社会主义时期道德认识、道德情感、道德意志、道德信念、道德行为的集合体。

4.知识素质

列宁曾经指出："只有了解人类创造的一切财富以丰富自己的头脑，才能成为共产主义者。"思想政治教育者思想政治道德素质和能力的形成离不开一定的知识基础，没有一定的知识水平，思想政治教育者不仅能力会受到极大限制，而且思想政治道德素质的形成和发展也会成为空谈。因此，思想政治教育者必须具备较高的知识素质。这里所说的知识素质，是指思想政治教育者所拥有和掌握的相关的科学文化知识状况是思想政治教育者开展工作必须具备的基础和条件。随着时代和社会的进步，国际国内形势的不断发展变化，对思想政治教育者的知识素质也提出了新的更高的要求。

第一，马克思主义基本理论知识。这里所说的马克思主义基本理论知识，不仅包括马克思所创立的基本理论、基本观点和学说，也包括在实践中不断发展着的马克思主义基本理论。思想政治教育者必须具备系统、扎实的马克思主义基本理论知识，其原因主要在于：首先，思想政治教育学建立在马克思主义基本原理的理论基础之上，无论思想政治教育的具体内容、方法和形式如何变化，都离不开马克思主义基本理论的指导。其次，思想政治教育者的首要职责，是向群众宣传、灌输马克思主义基本理论，这就要求教育者必须掌握马克思主义基本理论，才能进行有效的宣传与灌输。最后，马克思主义理论是党和国家制定路线、方针和政策的理论基础，只有具备了比较系统、扎实的马克思主义理论知识，才能正确理解党和国家的路线、方针和政策。

第二，思想政治教育专业知识。作为专业工作人员，思想政治教育者要形成较高的专业素质必须储备足够的思想政治教育专业理论知识。只有掌握必要的思想政治教育专业理论知识，才能不断提高思想政治教育者的业务能力和专业水平。总体来看，思想政治教育的专业理论知识由两部分组成：一是思想政治教育专业知识，主要包括思想政治教育学原理、比较思想政治教育、思想政治教育方法论、思想政治教育思想史等理论知识；二是与思想政治教育密切联系的相关学科的理论知识，主要包括教育学、政治学、心理学、管理学、社会学、伦理学等理论知识。思想政治教育者对这些相关学科的理论知识及其体系的掌握与运用的情况，既是其知识素质的具体体现，也是其构成能力的重要因素。

第三，其他学科知识。针对不同的教育对象的情况，需要熟悉和掌握与教育对象相关的专业知识，以及加大广博的其他学科知识的储备，使思想政治教育者与教育对象在交流过程中形成共同语言；同时，也可以使思想政治教育者运用多学科知识，对思想政治教育学进行综合性的研究。

此外，合理的知识结构也是思想政治教育者知识素质的一个重要内容。一方面，思想政治教育者要有宽广的知识面；另一方面，思想政治教育者也要有过硬的专业知识，包括精深的思想政治教育理论知识和拿手的专业技术知识，力争成为“通才”。

5.身心素质

身心素质，顾名思义指思想政治教育者身体素质和心理素质的综合。一定的身体素质和心理素质是人们从事任何工作都必不可少的重要条件。由特殊的工作性质所决定，健康的身心素质对于思想政治教育者显得尤为重要。

第一，身体素质。身体素质通常指人的各种器官系统的机能所表现出来的生理素质的总和，它由遗传的先天素质以及通过增加营养和体育锻炼而获得的后天素质两部分构成，一般包括力量、速度、耐力、灵敏、柔韧等。人的身体素质的强弱，决定着其在生活、学习、体育运动和劳动过程中所发挥的自然力的大小。身体素质是人的一切知识、精神、理想的载体和优良品质的物质保证。

身体的机能是否强健、体力精力是否旺盛是衡量身体素质高低的重要指标。一般来说，身体素质的增强主要是通过系统的训练和自身的锻炼。强调思想政治教育者的身体素质的目的在于，使其拥有从事思想政治教育活动所必需的强健的体魄和旺盛的精力。

第二，心理素质。就思想政治教育来说，一方面，教育者的劳动具有时空上无限量性的特点，不仅需要付出较多的体力，更要在与众多的教育对象交往中耗费大量的心力。所以，现代思想政治教育者，必须砥砺出能够与所承受的重任相称的强健的心理素质。另一方面，思想政治教育的对象是人，必然涉及人的心理活动。这决定了思想政治教育者不仅要了解教育对象的心理特征，遵循心理活动的规律，而且教育者本人应该具备良好的心理素质。思想政治教育者通过发展积极的个性心理，不断提高自身心理健康的水平，使自己具备优良的气质、稳定的性格、坚强的意志、正确的动机等良好的心理品质。

（四）现代思想政治教育者素质的培养

面对改革开放的新情况、新问题，提高思想政治教育者的素质，加强思想政治教育队伍建设，对于推进思想政治教育改革与创新，完成时代所赋予的历史重任，是至关重要的。

1.培养思想政治教育者素质的基本要求

高校思想政治从思想政治教育的规律和实践来看，从思想政治教育的基本原则出发，培养教育者素质应该遵循以下基本要求：

第一，突出党性。党性是思想政治教育者素质培养和建设的根本要求，是必须坚持的基本原则，它决定着思想政治教育者素质建设的性质和方向。现代思想政治教育就其性质而言，体现了党和国家的意志以及最广大人民群众的利益。素质培养和建设的根本目的就是要与思想政治教育的性质保持一致，否则就会与思想政治教育相背离。具体地说，坚持党性原则就是坚持四项基本原则，确保思想政治教育能沿着社会主义的方向发展。

第二，突出时代特色。所谓时代特色，就是思想政治教育者素质培养和建设的基本内容和要求要适应社会的发展，反映时代的要求。当前，国际格局变化发展出现了许多新特点，国内在各个方面都出现了许多新问题。这些情况对思想政治教育者的素质提出了新的要求。因此，对思想政治教育者素质的培养，体现了时代的特色和要求，可以使思想政治教育者适应时代变化与形势发展，提高其创新思想政治教育的能力。

第三，突出德才兼备。德才兼备是党和国家识别选拔干部的基本标准，也是加强思想政治教育者素质培养和队伍建设应该坚持的一个基本原则。对于思想政治教育者而言，德主要是指体现在思想政治教育者身上的政治态度、思想作风和道德品质；才主要是指其业务水平和工作能力。从德才之间的关系来看，它们之间密不可分，正如古人所云：才者，德之资也；德者，才之帅也。从思想政治教育的性质、任务和教育对象的特点来看，教育者必须集德才于一体。所以，无论从哪个方面来说，德才兼备始终是思想政治教育者素质培养的基本要求之一。

第四，突出系统性。这里所讲的系统性，指思想政治教育者素质培养和建设必须坚持各要素协调统一、整体优化的问题。思想政治教育者素质是一个由多种要素有机构成的系统，各要素之间相互联系、相互促进。这就为在思想政治教育者素质培养的过程中采取系统性原则提供了客观依据。通过系统化的素质培养，使教育者素质各要素之间协调一致，发挥出整体的优化效果。

2.培养思想政治教育者素质的途径

思想政治教育者素质培养的途径，是实现思想政治教育者素质由理论转变为现实的关键。概括起来，思想政治教育者素质的培养与建设途径主要有两个方面。

（1）有组织的系统培训。思想政治教育者素质的培训，是指根据经济和社会发展的需要，按照职位的要求，通过各种形式，有组织地为提高思想政治教育者素质所进行的培养、训练活动。在新的历史时期，有计划、有目的、有一定规模地培训从事思想政治教育的各类各级人员，提高思想政治教育者的素质，是一项具有战略意义的重大工程。而这里所讲的有组织的系统培训，是党和政府对思想政治教育者有计划的系统培训。

为了保障和实现对思想政治教育者的有效培训，提高思想政治教育队伍素质，党和政府必须有切实可行的措施。具体来说，以下措施是必要的，也是可行的：

第一，完善教育培训体系，建立思想政治教育队伍培养的正规化系统，为思想政治教育队伍素质培训的长期化、正规化提供保障，并且依据不同领域的思想政治教育的特点，对思想政治教育者进行有针对性的培训。

第二，把更新观念作为培训的一项重要任务，使教育者确立服务意识、平等意识、民主意识。

第三，分层次、多渠道、多形式地开展培训。

第四，坚持理论与实际相结合，学以致用，提高分析问题与解决实际问题的能力。

第五，建立健全对思想政治教育队伍素质培训的测评机制和激励机制，以强化培训机构的责任意识。

（2）自身修养和锻炼。思想政治教育者自身的修养和锻炼，也是提高思想政治教育者素质的重要途径。“修养”一词自古有之，多指修身养性。思想政治教育者的修养，主要是指思想政治教育者对自身的学识水平、思想意识、道德品质、精神境界、行为仪表等方面进行的陶冶、丰富、完善、提高过程。

为了确保自身素质能够不断得到培养与提高，思想政治教育者在自身的修养和锻炼的过程中，必须采取相应的措施。

第一，正确定位。教育者要对自身素质状况和自我修养任务给予科学定位，这是形成良好自我修养的前提和基础。作为思想政治教育者，首先必须正确认识自己，“人贵有自知之明”，要冷静、客观、深入地认识自己的优缺点、长短处，找到自己的努力方向和现实起点。同时，还要正确认识新时期思想政治教育的特点以及对教育者的新要求，增强自我修养的动力，培养自己的毅力。

第二，刻苦学习。学习是提高自身素质最基本的途径。《论语》的第一个字就是“学”字。孔子曾自述他的经验：“吾尝终日不食，终夜不寝，以思，无益，不如学也。”人才学研究表明，人才素质中德、识、才、学、体五要素，“学”是基础。古人尚且深知“非学无以广才，非学无以明识，非学无以立德”的道理，思想政治教育者更应该明白，要想不断提升自身的素质，在学习上是来不得半点虚假的。

第三，勇于实践。辩证唯物主义认为，社会实践是人的能力形成和发展的决定性因素。人的素质只有通过实践才能形成和发展，也只有通过实践才能得到表现和检验。实践是提高思想政治教育者素质的重要途径。思想政治教育者的实践，是要积极投身于改革开放和中国特色社会主义事业中，脚踏实地为社会、为群众服务，在实践中长见识、增才干，在实践中锻炼自己的思想和人格，从而全面提高自己。

第四，勤于思考。思考是知识加工制作成为自己思想的过程，思想者要有自己的思想。孔子说：“学而不思则罔。”孟子说：“思则得之，不思则不得也。”勤于思考和总结是提高思想政治教育者素质的重要环节。因此，作为思想政治教育者，在学习和实践中，要勤于思考、善于总结，随时将学习收获和实践体验加以认真分析、综合，内化为思想和知识，从而提高自己的素质。

除上述外，思想政治教育者还应该有其独特的教育魅力。思想政治教育者的教育魅力，指教育者在具备思想政治教育要求的基本素质的基础上，在思想政治教育活动过程中通过娴熟的工作技能、优秀的品德风范所体现出来的内在吸引力，具体包括知识魅力、艺术魅力和人格魅力，它是优化思想政治教育过程、提高思想政治教育活动实效性的基本条件。思想政治教育者要担负起“人师”“经师”的双重任务，就要使自己的教育活动富有魅力。

第二节　思想政治教育的客体——教育对象

思想政治教育的对象是人。进行思想政治教育就是要培养人们具有正确的世界观、人生观、价值观。而要达到这一目的，就必须正确认识和分析教育对象，这是思想政治教育的起点和基础。

一、思想政治教育对象的特征

思想政治教育对象指思想政治教育活动所作用的对象，思想政治教育者施加教育影响的对象，也就是受教育者。思想政治教育对象是一个复杂的集合体，其不同的部分具有各自不同的特征，需要具体分析。此处主要是将教育对象看作一个整体，从总体上分析其一般特征。

（一）广泛性

思想政治教育活动在我国具有广泛的群众性，涉及社会的各个部门、各个单位、各个领域。与此相应，思想政治教育的对象也具有广泛性。凡是有群众的地方，都有思想政治教育。因为任何地方、任何单位的工作都是人做的，工作过程必然伴随人的某些思想活动。因此，要做好任何一件工作，都要做好人的思想政治工作。由此可见，思想政治教育的对象范围很宽，很广，具有全民性。这就要求思想政治教育也必须具有广泛的社会性，以有效地对广大社会成员进行思想政治教育。

在理解教育对象的广泛性时，我们应该注意，思想政治教育的对象是社会的全体成员，领导者也不例外。过去在人们的观念中，领导者与被领导者，以及教育者与被教育者界限分明。似乎领导者、思想政治教育者只是教育者，不是思想政治教育的对象，这种认识是片面的。在实际工作中，并不存在绝对的教育者和受教育者。随着时间、地点、条件的转移，教育者和受教育者的地位和角色是可以发生转变的。每个人既是教育对象，又是教育者。因此思想政治教育必须针对社会的全体成员，首先要做好各级领导干部的思想政治教育工作，使其能够真正走在时代的前列，以自身的先进模范作用成为广大人民群众的行为典范和道德楷模。实践证明，领导干部的思想政治教育工作做好了，对社会其他成员的教育工作才有力量，才有说服力。

（二）层次性

思想政治教育的对象是人。而现实生活中的人，成长的环境和经历千差万别，具有不同的社会属性和时间、空间属性以及思想特点，因而表现出明显的层次性，可以依据不同的标准将其划分为不同类型、不同层次。例如，从年龄角度，可将其分为儿童、少年、青年、中年和老年等层次；从职业角度，可将其分为工人、农民、干部、军人、教师、学生等类型；从文化程度角度，可将其分为大学、中学、小学、文盲等类别；还可以根据教育对象的思想品德表现将其分为不同层次等。教育对象的层次性特征，要求我们在思想政治教育中，分层施教，因人而异，即要针对不同教育对象的思想实际，制订不同的计划，提出不同层次的要求，并且运用不同的方法，有的放矢地解决不同类型、不同层次教育对象的各种思想矛盾和思想问题。

（三）可塑性

可塑性指思想政治教育对象的思想品德是可以经由环境的影响和教育者的作用加以塑造的，即经过教育，可使教育对象的思想行为发生符合社会要求的变化。教育对象的可塑性是对人们进行思想政治教育的内在依据。人的思想品德不是自发形成的，而是在一定环境影响下，经过思想政治教育的自觉作用，在主体社会实践的过程中逐渐形成并不断发展的。由于思想政治教育是教育者自觉施行的有目的、有组织、有计划的教育影响，因而它在人的思想品德塑造的过程中起着非常突出的作用。因此，我们要始终坚持思想政治教育，以便对人的思想品德的塑造施加更强的影响，促使人的思想品德水平不断提高。

（四）主体性

思想政治教育对象的“主体性”不同于思想政治教育者的主体性，它是一种“自觉能动性”，是接受教育的主动性，而不是教育的主动性，它依然是思想政治教育对象的客体性的特殊表现形式。

思想政治教育对象的“主体性”主要表现为：首先，思想政治教育对象具有能动性。一方面，思想政治教育对象的思想能够能动地反映外部世界和自身。另一方面，教育对象的思想是一个自觉活动着的系统，能对教育者传递的思想道德信息加以认识、选择和接受，对自己的思想活动进行自我认识，从而在不同程度上自觉调节自己的思想活动，发展和提高自己的思想道德水平。其次，思想政治教育对象具有自主性。对精神世界的追求是人类的终极目标，人类不仅能自主地反映客观世界和主观世界，而且能自主地改造客观世界和主观世界。这种自主性集中表现为自主认知、自主选择、自主思维、自主控制以及自主完善等方面。最后，思想政治教育对象还具有创造性，即能够在反映外部世界和自身的基础上创造出新的精神产品。

二、科学地认识分析思想政治教育对象的方法

要做好思想政治教育工作，就必须准确而全面地了解教育对象的整体性质和个体差异，把握教育对象内在的思想特征和外在的行为表现以及变化发展的趋势和规律。而要做到这一点，就必须掌握科学的分析和研究方法。

（一）历史分析法

历史分析方法就是把教育对象放到特定的时代背景和历史条件下进行分析的方法。历史唯物主义认为，人们的社会存在决定人们的社会意识。人们的思想观点、道德意识是社会意识的组成部分，它是由社会存在决定的。其中，人们所处的社会关系，是决定人们思想观念的根本因素。随着人们所处的社会生活环境和历史条件的变化，随着人们所处的社

会关系的变化，人们的思想道德观念也在发生变化。也就是说，在不同的社会环境和历史条件下，在不同的社会关系中，教育对象便具有不同的思想特点和道德面貌。如果离开一定的社会环境和历史条件，离开特定的社会关系状况来抽象地分析思想政治教育对象，就会停留在表面现象和肤浅层次上，抓不住教育对象的本质特征，甚至会得出错误的结论。只有坚持辩证唯物主义和历史唯物主义的观点和方法，紧紧联系教育对象所处的社会环境和历史条件，对社会发展方向和社会基本矛盾有深刻的认识和了解，才能正确认识和把握教育对象的本质特征。

（二）动态分析法

动态分析法就是把教育对象的思想行为当作一个变化发展的过程，通过对教育对象思想矛盾运动变化过程的分析，揭示其内在规律的方法。教育对象的思想行为不是固定不变的，而是在社会环境的影响下，按照自身的规律不断变化发展的。教育者对教育对象的认识，要符合人的思想行为变化发展的这个实际。只有这样，才能更好地去做人的工作，思想政治教育也才有意义。

运用动态分析法就是坚持辩证唯物主义的发展观点，反对形而上学的绝对静止的观点。唯物辩证法认为，事物的变化发展是曲折的，人的思想行为往往也表现出曲折发展和不断反复的情形。虽然从总体上看，在社会主义条件下，教育对象的思想呈现出不断朝社会要求的方向发展的趋势，但由于种种主客观因素的影响，其思想也有可能出现与社会要求不一致的情形，甚至会出现曲折和反复。坚持发展的观点，就是要对教育对象树立信心，相信通过积极的社会影响和强有力的思想政治教育，教育对象的思想终究会向社会要求的方向发展。同时，对受教育者思想上的曲折和反复，要从其思想发展的全过程和总趋势中分析把握，以便及时采取有效的措施，促使受教育者的思想矛盾向积极健康的方向转化。

（三）立体分析法

立体分析法就是对教育对象进行多层次、多侧面、全方位分析的方法。

运用立体分析法，首先，要认识到教育对象是多层次的。根据不同的标准，从不同的角度，可以把教育对象分为不同的类型或层次。不同类别和层次的教育对象，其思想行为表现及特征都会有差异。思想政治教育者应根据不同类别、不同层次的教育对象的具体情况，采取不同的应对措施，以提高教育的针对性和有效性。

其次，要认识到作为教育对象的个体，其自身也是多面体的。在现实生活中，每个人都是“立体人”，其思想行为受到多层面、多角度的社会关系的制约，于是就造成了个体思想意识的复杂性、思想观念的多样性、个体行为的多变性等情形。教育者对此一定要有充分认识，切不可将教育对象复杂的思想行为问题简单化。

最后，要看到影响人们思想和行为的因素也是立体的和多层次的。人的思想行为往往是多种因素作用的结果，这些因素既包括社会的政治制度、经济制度、文化制度等制度层面的因素，又包括思想观念、文化教育、民族心理、风俗习惯等文化层面的因素，还包括家庭、学校、社区、大众传播媒体等环境因素，甚至包括一些自然环境因素。这就要求我们在考察教育对象的思想行为的变化发展时，对与其相关的各种因素也要做多变量的综合考察。只有从多角度、多侧面对人的思想和行为进行综合分析，才能较全面地把握教育对象的思想特点，进而调动各方面的力量，形成思想政治教育的合力，发挥出协同效应。

（四）定性和定量相结合的方法

定性分析就是找出一事物与其他事物性质上的不同之处，即思想政治教育不同对象之间以及同一对象在不同时期、不同发展阶段的质的差别。定量分析是运用数学方法以及现代科学技术手段对思想政治教育对象进行量化指标的测试和分析，这是使思想政治教育活动更加严密、科学的必要手段。定性分析和定量分析是相互配合、相互补充、缺一不可的。长期以来，由于种种主客观因素的限制，思想政治教育过程比较偏重在经验基础上进行定性分析，而较少采用定量分析的方法，这是不利于思想政治教育发展的。近年来，这一情况已有所改变。随着现代科学技术尤其是电子计算机技术的发展及其在社会科学研究领域里的广泛运用，在思想政治教育领域运用定量分析已成为现实。当然，过分强调定量分析也是不对的，因为教育对象复杂的思想行为问题不是可以完全量化的，必须进行定性分析。因此，我们应该将定性分析和定量分析紧密结合起来，以便对教育对象的思想和行为做出更加科学而符合实际的说明。

应该指出，在对教育对象进行分析时，不能仅仅采用某一种方法，而要注意多种方法和手段的综合运用。同时，上述方法也只是分析教育对象的几种主要方法。我们应在思想政治教育的实践中，不断丰富和发展分析教育对象的方法，从而建立起一套完整、科学的分析方法，提高分析和研究教育对象的水平。

三、领导干部是思想政治教育的重点对象

如前所述，干部尤其是领导干部不仅是思想政治教育的对象，而且是重点对象。领导干部的思想政治教育是全社会思想政治教育的重要组成部分。做好领导干部的思想政治教育工作，是做好其他社会成员思想政治教育工作的重要前提。

领导干部在我国社会生活中的地位作用决定了必须将其作为思想政治教育的重点对象。中国共产党领导中国革命和建设的经验证明，党和国家的事业能否顺利发展并最终取得胜利，干部是一个至关重要的因素。而干部问题的实质是干部素质问题。拥有一大批具有较高的思想政治素质和科学文化素质的干部，是中国特色社会主义事业不断发展的关

键。之所以这样讲，是因为在中国特色社会主义建设事业中，党政领导干部起着特别重要的作用。他们是党和国家各项事务的领导者和组织者，是党的路线、方针、政策的制定者和执行者。只有通过党政干部的创造性的活动，党的路线、方针、政策才能变成为广大人民群众的实际行动，产生强大的物质力量；只有通过党政干部的廉政勤政、无私奉献的活动，才能树立党和政府良好的形象，才能赢得广大人民群众的信赖和拥护，从而有力地调动人民群众参加社会主义现代化建设的积极性。离开了各级干部的努力工作和模范带头作用，再好的政策也只能挂在墙上，写在纸上，无法真正地贯彻落实。而要建设一支高素质的干部队伍，就必须加强对领导干部的思想政治教育，使他们具备较高的马克思主义理论水平和坚定的共产主义信念，正确贯彻执行党的路线、方针、政策的自觉性，以及全心全意为人民服务的无私奉献精神，使他们能够较好地承担起领导和组织中国特色社会主义建设事业的历史重任。

四、青年是思想政治教育的主要对象

青年是我国思想政治教育的主要对象，这主要是由青年在我国社会主义现代化建设中的重要地位和历史作用以及青年的生理、心理特点所决定的。

（一）青年在社会主义现代化建设事业中的地位和作用

首先，青年肩负着社会主义现代化建设的重任。我国青年有着光荣的革命传统，在中国革命的各个历史时期，广大青年始终站在斗争的前列，发挥了生力军的巨大作用。从五四运动以来的历次革命运动，无不与广大青年联系在一起。中华人民共和国成立以后，广大青年又积极投身于社会主义建设，成为推动社会主义事业不断向前发展的重要力量。党的十一届三中全会后，我国进入新的历史发展时期，青年一代在改革开放和社会主义现代化建设提供的广阔舞台上大显身手，积极主动地参与改革，投身改革，在社会主义现代化建设事业中发挥了巨大作用。我国社会发展的历史表明，青年发展离不开党的领导和社会主义建设事业，只有在现代化建设提供的历史舞台上，青年才能大展宏图，充分发挥自己的聪明才智，为祖国、为人民建功立业。社会主义现代化建设事业也离不开青年，没有一代有理想、有道德、有文化、有纪律的青年，社会主义现代化就难以实现。实现中国现代化的重任，已经历史性地落在了青年一代的肩上。因此，把青年作为思想政治教育的主要对象，培养他们具有积极向上、开拓进取的精神，以便其承担社会主义现代化建设事业的重任，就显得十分必要。

其次，青年代表着祖国的未来和民族的希望。我们现在处在社会主义初级阶段，党在这一阶段的历史任务就是要实现社会主义现代化，实现中华民族的伟大复兴，并在此基础上继续向前发展，最终建成共产主义社会。这就需要一代又一代青年坚持不懈地努力奋斗。也就是说，国家和民族的未来和前途，在很大程度上取决于青年一代的面貌。正如列宁所说：“真正建立共产主义社会的任务正是要由青年来担负。”这就决定了思想政治教育要把目光更多地投向青年，做好青年一代的教育工作，全面提高青年的思想道德素质和科学文化素质，培养出一代又一代社会主义事业的接班人，以保证国家的面貌常新。

（二）青年的生理、心理特点

青年时期是人的生理、心理剧烈变化的时期，也是他们的世界观、人生观形成的关键时期。他们正在迅速走向成熟而又未完全成熟，具有很强的可塑性。这一特点也决定了青年是思想政治教育的主要对象，决定了对青年的思想政治教育必须根据青年的生理、心理特点来开展。

1.青年的生理特点

青年时期是人的生理发育的旺盛时期，机体的新陈代谢能力极强，同化过程高于异化过程。在这一时期，青年的身体迅速发育，身高、体重的增长都很快，身体形态接近成年期且趋于定型。与此同时，青年身体内部的器官和机能趋向成熟。大脑和神经系统发育健全，脑的重量和脑的机能都达到成人水平。心脏迅速成长发育，肺活量增加，消化功能增强，循环系统功能健全，内分泌腺分泌旺盛。总之，青年时期人的身体发育迅速，体力、精力都处于最旺盛的时期。

2.青年的心理特点

青年在生理上的迅速发育也带来其心理特征的一系列变化。我们可以从以下几方面来考察青年的心理特点：

第一，个性发展特征。这一时期，青年的成人感开始出现并且逐渐增强。他们希望能像成人那样，参加各项社会活动，并且希望社会把他们当“成人”看待，尊重他们的观点和意见。伴随着成人感的出现，青年的独立性大大增强。他们凡事不愿依赖别人，不愿简单地按照父母、老师、长辈们的意见办事，强烈要求按自己的想法去自由活动，希望能独立自主地处理涉及自己和他人的问题，独立地选择自己的生活目标，要求捍卫自己的观点，对事物的判断有自己的评价标准。与此同时，青年的自我评估能力有了较大的提高变得全面、主动、深刻起来。既能看到自己的长处，又能看到自己的不足，并能客观冷静地对待自己的长处和短处。独立感的增强和自我评价能力的提高，使青年形成很强的自尊心和上进心，好胜心强，喜欢争论。这一时期，青年的性格也趋于稳定，表现出逐渐定型的趋势。由于青年接触社会的范围扩大，道德实践经验增多，他们的道德意识也有较大的发展，自我认识、自我评价、自我控制的能力有了提高，能有意识地运用社会通行的道德标准来评估自己的行为。

第二，智力发展特征。智力是人认识事物和解决问题的一种能力，它是观察力、记忆力、想象力、思维力的综合。抽象逻辑思维能力是智力的核心，也是人的智力最本质的表现。青年时期，人的智力发展很快，对事物的观察已经能够透过事物的表象，达到对事物本质的认识。无论是在深度上还是在广度上，观察力都有显著的发展。青年时期人的记忆力达到顶峰，不仅记忆的容量大，而且记忆的有意识性加强，意义识记、抽象记忆的能力都大为提高。青年求知欲强，富于幻想，想象力发展到一个新的水平，其想象具有目的性、现实性、广阔性、创造性等特征。由于青年体力和精力充沛，个性基本形成，认识能力不断提高，因而其思维能力达到了较高的水平。在青年思维发展的过程中，抽象逻辑思维逐步占主导地位，同时，青年思维的独立性、批判性、创造性都大为增强，使其不愿囿于传统思想观念的束缚，不愿全盘接受权威的指导意见，有求新、求变的特征。

第三，情感活动的发展特征。青年情感内容丰富多彩，美感、正义感、理智感都有很大发展，对未来充满着美好的憧憬和幻想。青年的情感活动又比较动荡和易变，带有明显的两极性、易变性和摇摆性等特点，很容易从一个极端走向另一个极端。同时，青年的情感开始带有文饰的、内隐的、曲折的性质，其外部表现与内心世界的体验并不总是一致，因而往往造成忧郁和孤独。

第四，性心理的发展特征。随着青年性功能的成熟，青年有了性的生理冲动和体验，对性也比较敏感，相应产生的性心理也随之趋于成熟。女孩一般从10~11岁，男孩一般从10~12岁，开始从对性的关系完全不懂到懂一些的蒙眬过渡期。进入青年期，随着性生理发展，青年性心理也发展成熟起来。在这个过程中，青年的性意识逐渐觉醒，追求异性的想法日趋强烈。青年在两性问题上的情绪体验，在青年心理活动中占有极为重要的位置。由于青年的性心理与青年的成长，与恋爱、婚姻、家庭密切相关，因而应对青年进行科学的性教育，使青年树立正确的性观念，掌握科学的性知识，促进青年的身心健康发展，使青年获得美满的爱情与和谐的家庭生活。

总之，青年时期是人生由少年向成年的过渡阶段，是人的自然属性和社会属性在发展中逐渐成熟的阶段。青年具有特殊的生理、心理特点。正确认识青年身心方面的发展特征，是做好青年思想政治教育工作的基础。只有针对这些特征，对青年的思想政治教育才能取得良好的效果，才能很好地引导青年在生理、心理成熟的同时走向思想政治上的成熟。

第三节　思想政治教育载体概述

思想政治教育的载体既可以承载思想政治教育的内容，又是实现思想政治教育内容的物质前提和基础。研究现代思想政治教育的载体，有助于更好地揭示思想政治教育的机理和规律，推动现代思想政治教育学学科体系的完善，也有助于优化现代思想政治教育载体的配置。

思想政治教育目标的实现、教育任务的完成、教育内容的实施、教育方法的运用、教育主体和教育客体之间的互动等，都要依托一定的载体才能完成。

一、思想政治教育载体的含义

作为思想政治教育基本范畴之一的思想政治教育载体，一直受到学术界的广泛关注。但人们在概念的界定和表述上存在着较大差异，各不相同。概括起来，学术界对其内涵的认识与概括主要有以下几种观点：

第一种是“形式论”。这种观点认为，思想政治教育载体只是从载体的各种形式来看的。后来，韩玉芳、林泉认为：“思想政治工作的载体，指思想政治工作者为促使思想政治工作的有效开展而借助的各种形式，包括活动、文化、管理、传播媒介等。”

第二种是“活动论”。这种观点认为，思想政治教育载体是一种活动形式或者活动方式。陈万柏教授认为：思想政治教育载体“指承载、传导思想政治教育要素，能为思想政治教育主体所运用，且主客体可借此相互作用的一种思想政治教育活动”。赵野田认为：“思想政治教育载体是能够使具有思想政治教育因素的事物发挥教育作用的活动及过程。”杨继军、陈宁认为：思想政治教育载体“在实施思想政治教育的过程中，思想政治教育是能够承载和传递思想政治教育的内容或信息，能为主体所掌握和运用，促使思想政治教育主客体之间相互作用的一种活动形式和物质实体”。张澍军教授认为：“思想政治教育载体是能使具有思想政治教育因素的事物发挥教育作用的活动过程”，是“为实现思想政治教育的目的，人们自觉设计并实施的能使具有思想政治教育因素的事物发挥出教育作用的所有活动及过程”。

第三种是“物质方式和活动方式论”。这种观点认为，思想政治教育载体包括活动形式载体和物质形态载体。例如，张耀灿等认为：“所谓思想政治教育的载体，指在实施思想政治教育的过程中，能够承载和传递思想政治教育的内容或信息，能为思想政治教育主体所运用，促使思想政治教育主客体之间相互作用的一种活动形式和物质实体。”罗洪铁教授认为：“思想政治教育载体，指在思想政治教育过程中承载并传递思想政治教育信息，能为思想政治教育主体所操作并与思想政治教育客体发生联系的一种物质存在方式或活动方式。”

第四种是“要素论”。这种观点认为，思想政治教育载体是思想政治教育的基本要素之一，是联结教育主体与教育客体之间的桥梁和纽带。例如，杨新宇认为：“思想政治教育载体指承载思想政治教育内容和信息，能为思想政治教育者所控制、操作，且教育者和受教育者可借此发生互动的一种思想政治教育形式。”刘元认为：“思想政治教育载体是承载信息的形式，是联结信息传播者和接受者之间的桥梁。”陈秉公教授认为思想政治教育载体，“它是思想政治教育过程能够成立、正常运行和发挥作用的必要条件”。

第五种是“中介论”。这种观点认为，思想政治教育载体是联结思想政治教育主体与教育客体的中介物，属于思想教育中介（包括内容中介、环境中介、方法中介和载体中介）中的载体中介。例如，张世贵认为：“载体中介是指思想政治教育主体所运用的能承载并传递思想政治教育内容和信息的手段和形式。”罗洪铁认为：思想政治教育载体是“在思想政治教育过程中能承载并传递思想政治教育信息、内容的形式和手段”，但他也认为思想政治教育载体是“在思想政治教育过程中承载并传递思想政治教育信息，能为思想政治教育主体所操作，并与思想政治教育客体发生联系的一种物质存在方式或活动方式”。王升臻认为：“思想政治教育载体只是思想政治教育中介的一部分，具有工具性价值，因为它本身不是教育内容、信息，不能笼统地称为思想政治教育中介。”

除此之外，关于思想政治教育载体的说法还有很多。但无论是“形式论”“活动论”“物质形式和活动形式论”“要素论”，还是“中介论”或者其他观点，要么在不同程度上泛化了载体的概念，要么在不同程度上模糊了载体的属人特性。

通常来讲，科学界定思想政治教育载体这一概念，离不开对思想政治教育的理解。思想政治教育本身既是一种人类社会实践活动，又是教育主体用一定的思想观念、道德行为规范和政治观点对教育客体实施的有目的、有计划、有组织的活动，并使教育客体在活动过程中形成一定的思想道德品格。然而，要进行思想政治教育，教育主体开展教育活动既要选择恰当的教育形式，又要通过这些形式与教育客体进行互动。而这些教育形式就是思想政治教育的重要载体，即思想政治教育载体。

综合上述分析，可以将思想政治教育载体的含义归纳为：“在实施思想政治教育的过程中，能够承载和传递思想政治教育的内容或信息，能为思想政治教育主体所运用，促使思想政治教育主客体之间相互作用的一种活动形式和物质实体。”

二、思想政治教育载体的功能

所谓功能，指事物或方法所发挥的功效与作用。思想政治教育载体的功能就是思想政治教育载体发挥的功效与作用。思想政治教育载体，既具有一般载体的存储、携带和促进其他事物之间反应的功能，又具有其自身的特殊功能。

（一）承载功能

承载功能是思想政治教育载体最基本的功能，指思想政治教育载体能够承载思想政治教育的诸多信息，如教育主体、教育客体、教育目标、教育内容、教育任务和教育方法等，即蕴涵、存储思想政治教育信息与内容的作用。

在思想政治教育过程中，思想政治教育载体是教育主客体、教育目标、教育内容和教育方法等因素相互作用、相互联系的“空间”和“平台”，是思想政治教育活动的现实表现形式。教育主体只有依托一定的载体，才能够向人们传播思想、情感等思想政治教育信息，并引导人们正确地去感知和接受这些教育信息。

总之，思想政治教育信息，要为教育客体所感知和把握，就必须要求思想政治教育载体呈现在教育客体的面前。也只有通过发挥思想政治教育载体的作用，才能促进其自身的交流和传播，才能对教育客体产生影响。

（二）传导功能

思想政治教育载体的传导功能，指思想政治教育内容和信息通过思想政治教育载体，从教育主体传导到教育客体，或从教育客体反馈到教育主体的功能，也就是说，它具有使教育内容和信息输出与输入的导体功能。思想政治教育载体是教育过程中传导教育信息或内容的基本渠道。思想政治教育的传导功能是由载体的承载性与思想的传递性共同决定的。“承载”教育信息并不是载体的目的和要求，而只为“传导”提供前提和条件。向教育客体传导社会所要求的价值观念、道德规范和政治观点等是思想政治教育载体的主要目的和功能。当载体承载着思想政治教育的各种因素并使其相互作用时，“传导”就开始了。

在思想政治教育的过程中，教育信息是蕴涵在思想政治教育载体之中，并利用这一载体传播、扩散、生产思想政治教育信息的。人的情感和思想是动态的，会随着各种主客观条件的变化而变化，人们之间进行的思想交流，会使思想信息留存、叠加，也会使之丢失和消解。人的情感思想具有相对独立性，在教育主客体交往过程中自由地发生传播、存储、沟通、转换等形式的运动。思想附着于思想政治教育载体，通过思想政治教育载体传导，这样，思想政治教育载体便成了传播、沟通、存储、转换思想情感的工具。

（三）教化功能

思想政治教育载体在思想政治教育过程中的运用带有明显的价值取向，具有明显的目的性。这个目的一旦实现，就会成为教育对象的思想指示器和行为指南针。思想政治教育载体不像物质载体那样机械性地载运，它可以增强所载运的教育（信息）因素的教育作用。但是，它的实现不是一蹴而就的，只有不断反复地发挥载体的作用，促使教育客体多次亲身体验，不断践行，才能使其养成良好的行为习惯，形成优秀的思想道德品质。当然，思想政治教育载体不仅可以载运教育主体有意识发出的教育信息，而且可以把蕴涵在事物中的教育因素转化为教育信息并传递给教育对象，实现教育目的。

思想政治教育载体对人的思想政治品德、价值观念的影响，不是靠强制手段来实现，而主要靠潜移默化地感染、熏陶和渗透来实现。在思想政治教育载体系统中，许多教育因素都在与教育主体和客体发生接触，主体和客体通过载体进行交互作用，从而对客体产生影响。比如，作为思想政治教育载体的企业文化，反映了企业员工共同的价值观和共同追求，能够产生一种感召力和吸引力，引导员工认同企业的经营理念、价值标准和追求目标，为企业发展同心同德、努力奋斗。

（四）蕴涵功能

从传播学角度来讲，思想政治教育过程是传播主体通过媒介向受众（教育对象）传播其教育信息的过程。思想政治教育信息是一种观念形态，而思想观念是无形、无影、无声的，也是看不见、听不到、摸不着的，它只有借助各种中介、载体才能表现出来，才能被人们认识和感知。所以，思想观念生成后必然要向外渗透到各种客观事物之中，与客观事物相结合，并通过其他事物表现出来，而这种表现思想观念的事物即载体。受众并非像摘取物品一样直接从载体上“拿来”，而是将这种蕴涵丰富的思想观念的载体作为直接作用对象，并通过与其互动，间接领会教育主体的思想。从这个角度来讲，思想政治教育载体已经不是简单地承载和传递思想政治教育信息的工具，而是一种浸满主体理念和精神的丰富而生动的社会存在。

参考文献

[1]朵建文，邓莉，牛玉婷.思想政治教育学原理[M].北京：现代出版社，2020.
[2]侯坤，段冉.思想政治教育学原理[M].成都：电子科技大学出版社，2016.
[3]侯勇.思想政治教育学理论前沿问题研究[M].北京：中国社会科学出版社，2018.
[4]呼勤，黄少平.高校思想政治教育学原理[M].成都：电子科技大学出版社，2016.
[5]黄瑞新，康乐，赵婷.传播学在高校思想政治教育工作中的应用与研究[M].成都：电子科技大学出版社，2018.
[6]康秀云.比较思想政治教育学前沿问题研究[M].北京：学习出版社，2018.
[7]赖金茂，何志红.思想政治教育学原理[M].长春：吉林文史出版社，2018.
[8]林子赛，蔡应妹.思想政治教育学原理[M].南京：江苏人民出版社，2019.
[9]刘丽莉，张居正.思想政治教育学原理[M].长春：吉林文史出版社，2018.
[10]刘书林.思想政治教育学原理专题研究纲要[M].北京：人民出版社，2018.
[11]毛毳，张翠萍，祁丽.思想政治教育学原理解析与探究[M].长春：吉林大学出版社，2018.
[12]彭丽.现代思想政治教育学[M].成都：电子科技大学出版社，2016.
[13]桑碧桃，段玉红.思想政治教育学原理[M].长春：吉林文史出版社，2019.
[14]宋德勇.人学视角的现代思想政治教育研究[M].郑州：河南人民出版社，2016.
[15]孙其昂，叶方兴.思想政治教育社会学的理论探索[M].南京：河海大学出版社，2016.
[16]孙永鲁.新媒体时代思想政治教育传播学创新研究[M].北京：新华出版社，2021.
[17]台春玲，周甡喆.思想政治教育学概论[M].成都：四川大学出版社，2017.
[18]伍建军.大学生思想政治教育学研究[M].延吉：延边大学出版社，2018.
[19]杨睿.基于协同学理论的思想政治教育方法创新研究[M].长春：东北师范大学出版社，2019.
[20]张世欣.思想政治教育的人学解读[M].杭州：浙江大学出版社，2017.
[21]范翠莲，李春风，边黎明.思想政治教育与实践[M].北京：九州出版社，2018.

[22]吴林龙.学生思想政治教育对象研究[M].北京：知识产权出版社，2019.
[23]孙爱春，牛余凤.思想政治教育原理与方法[M].北京：光明日报出版社，2017.
[24]巩克菊.人的利益与思想政治教育创新[M].北京：中央编译出版社，2019.
[25]杨学玉.新媒体背景下大学生思想政治教育研究[M].北京：北京理工大学出版社，2019.